PLATON

Von der
Unsterblichkeit
der Seele

PLATON

Von der
Unsterblichkeit
der Seele

»Phaidon«

in der Übersetzung
von
Friedrich Schleiermacher

herausgegeben von
Dirk Bertram

Bibliografische Information der Deutschen Nationalbibliothek:

Die Deutsche Nationalbibliothek verzeichnet diese Publikation in der Deutschen Nationalbibliografie; detaillierte bibliografische Daten sind im Internet über http://dnb.dnb.de abrufbar.

Diese Ausgabe basiert auf:
Platon, Sämtliche Werke, Verlag Lambert Schneider GmbH, 1982, Heidelberg

© 2019 herausgegeben von Dirk Bertram, Ennigerloh (NRW)
Herstellung und Verlag: BoD – Books on Demand, Norderstedt

ISBN: 978-3-7504-2640-5

Echekrates – Phaidon

In der Erzählung des Phaidon treten auf:

Apollodores – Sokrates – Kebes – Simmias – Kriton – Der
Diener der Elfmänner

Echekrates: Warest du selbst, o Phaidon, bei dem Sokrates an
jenem Tage, als er das Gift trank in dem Gefängnis, oder hast
du es von einem andern gehört?

Phaidon: Selbst war ich da, o Echekrates.

Echekrates: Was also hat denn der Mann gesprochen vor seinem Tode, und wie ist er gestorben? Gern hörte ich das. Denn
weder von meinen Landsleuten, den Phliasiern, reiset jetzt
leicht einer nach Athen, noch ist von dorther seit geraumer
Zeit ein Gastfreund angekommen, der uns etwas Genaues darüber berichten konnte, außer nur, dass er das Gift getrunken
hat und gestorben ist; von dem übrigen wusste keiner etwas zu
sagen.

Phaidon: Auch von der Klage also habt ihr nichts erfahren,
wie es dabei hergegangen ist?

Echekrates: Ja, das hat uns jemand erzählt, und wir haben uns
gewundert, dass, da sie schon längst abgeurteilt war, er offenbar erst weit später gestorben ist. Wie war doch das, o Phaidon?

Phaidon: Durch Zufall fügte es sich so, Echekrates. Es traf
sich nämlich, dass gerade an dem Tage vor dem Gericht das
Schiff bekränzt worden war, welches die Athener nach Delos
senden.

Echekrates: Was hat es damit auf sich?

Phaidon: Dies ist das Schiff, wie die Athener sagen, worin einst Theseus fuhr, um jene zweimal sieben nach Kreta zu bringen, die er rettete und sich selbst auch. Damals nun hatten sie dem Apollon gelobt, wie man sagt, wenn sie gerettet würden, ihm jedes Jahr einen Aufzug nach Delos zu senden, welchen sie nun seitdem immer und auch jetzt noch jährlich an den Gott senden. Sobald nun dieser Aufzug angefangen hat, ist es gesetzlich, während dieser Zeit die Stadt rein zu halten und von Staats wegen niemanden zu töten, bis das Schiff in Delos angekommen ist und auch wieder zurück. Und dies währt bis weilen lange, wenn widrige Winde einfallen. Des Aufzuges Anfang ist aber, wenn der Priester des Apollon das Vorderteil des Schiffes bekränzt; und dies, wie ich sage, war eben den Tag vor dem Gerichtstage geschehen. Daher hatte Sokrates so viel Zeit in dem Gefängnis zwischen dem Urteil und dem Tode.

Echekrates: Wie war es aber bei seinem Tode selbst, o Phaidon? Was wurde gesprochen und vorgenommen? Welche von seinen Vertrauten waren bei dem Manne? Oder ließ die Behörde sie nicht zu ihm, und er starb ohne Beisein von Freunden?

Phaidon: Keineswegs, sondern es waren deren, und zwar ziemlich viele, zugegen.

Echekrates: Alles dieses bemühe dich doch uns recht genau zu erzählen, wenn es dir nicht etwa an Muße fehlt!

Phaidon: Nein, ich habe Muße und will versuchen, es euch zu erzählen. Denn des Sokrates zu gedenken, sowohl selbst von ihm redend als auch anderen zuhörend, ist mir immer von allem das Erfreulichste.

Echekrates: Und eben solche, o Phaidon, hast du jetzt zu Hörern. Also versuche nur, alles, so genau du immer kannst, uns vorzutragen!

Phaidon: Mir meinesteils war ganz wunderbar zumute dabei. Bedauern nämlich kam mir gar nicht ein als wie einem, der bei dem Tode eines vertrauten Freundes zugegen sein soll; denn glückselig erschien mir der Mann, o Echekrates, in seinem Benehmen und seinen Reden, wie standhaft und edel er endete, so dass ich vertraute, er gehe auch in die Unterwelt nicht ohne göttlichen Einfluss, sondern auch dort werde er sich wohlbefinden, wenn jemals einer sonst. Darum nun kam mich weder etwas Weichherziges an, wie man doch denken sollte bei solchem Trauerfall, noch auch waren wir fröhlich wie in unsern philosophischen Beschäftigungen nach gewohnter Weise, obwohl unsere Unterredungen auch von dieser Art waren; sondern in einem wunderbaren Zustande befand ich mich und in einer ungewohnten Mischung, die aus Lust zugleich und Betrübnis zusammengemischt war, wenn ich bedachte, dass Er nun gleich sterben würde. Und alle Anwesenden waren fast in derselben Gemütsstimmung, bisweilen lachend, dann wieder weinend, ganz vorzüglich aber einer unter uns, Apollodoros. Du kennst ja wohl den Mann und seine Weise.

Echekrates: Wie sollte ich nicht?

Phaidon: Der war nun ganz vorzüglich so; aber auch ich war gleichermaßen bewegt und die übrigen.

Echekrates: Welche aber waren denn gerade da, Phaidon?

Phaidon: Eben dieser Apollodoros war von den Einheimischen zugegen, und Kritobulos mit seinem Vater Kriton; dann noch Hermogenes und Epigenes und Aischines und Antisthenes. Auch Ktesippos aus Paiania war da, und Menexenos und einige andere von den Einheimischen; Platon aber, glaube ich, war krank.

Echekrates: Waren auch noch Fremde zugegen?

Phaidon: Ja, Simmias aus Theben, und Kebes und Phaidondes, und aus Megara Eukleides und Terpsion.

Echekrates: Wie aber Aristippos und Kleombrotos, waren die da?

Phaidon: Nein, es hieß, sie wären in Aigina.

Echekrates: War noch sonst jemand gegenwärtig?

Phaidon: Ich glaube, dies waren sie ziemlich alle.

Echekrates: Und wie nun weiter? Was für Reden, sagst du, wurden geführt?

Phaidon: Ich will versuchen, dir alles von Anfang an zu erzählen. Wir pflegten nämlich auch schon die vorigen Tage immer zum Sokrates zu gehen, ich und die andern, und versammelten uns des Morgens im Gerichtshause, wo auch das Urteil gefällt worden war; denn dies ist nahe bei dem Gefängnis. Da warteten wir jedesmal, bis das Gefängnis geöffnet wurde, und unterredeten uns unterdessen. Denn es wurde nicht sehr früh geöffnet; sobald es aber offen war, gingen wir hinein zum Sokrates und brachten den größten Teil des Tages bei ihm zu. Auch damals nun hatten wir uns noch früher versammelt, weil wir tags zuvor, als wir abends aus dem Gefängnis gingen, erfahren hatten, dass das Schiff aus Delos angekommen sei. Wie gaben uns also einander das Wort, auf das früheste an dem gewohnten Ort zusammenzukommen. Das taten wir auch, und der Türsteher, der uns aufzumachen pflegte, kam heraus und sagte, wir sollten warten und nicht eher kommen, bis er uns riefe. »Denn«, sprach er, »die Elf lösen jetzt den Sokrates und kündigen ihm an, dass er heute sterben soll.« Nach einer kleinen Weile kam er denn und hieß uns hineingehn. Als wir nun hineintraten, fanden wir den Sokrates eben entfesselt, und Xanthippe (du kennst sie doch), sein Söhnchen auf dem Arm haltend, saß neben ihm. Als uns Xanthippe nun sah, wehklagte sie und redete allerlei dergleichen, wie die Frauen pflegen, wie:»O Sokrates, nun reden diese deine Freunde zum letztenmale mit dir, und du mit ihnen!« Da wendete sich Sokrates zum Kriton und sprach:»O Kriton, lass doch jemand diese nach Hause führen!« Da führten einige von Kritons Leuten sie ab, heulend und sich übel gebärdend. Sokrates aber, auf dem Bette sitzend, zog das Bein an sich und rieb sich den Schenkel mit der Hand, indem er zugleich sagte:

Was für ein eigenes Ding, ihr Männer, ist es doch um das, was die Menschen angenehm nennen, wie wunderlich es sich verhält zu dem, was ihm entgegengesetzt zu sein scheint, dem Unangenehmen, dass nämlich beide zu gleicher Zeit zwar nie in dem Menschen sein wollen, doch aber, wenn einer dem einen nachgeht und es erlangt, er meist immer genötigt ist, auch das andere mitzunehmen, als ob sie zwei an einer Spitze zusammengeknüpft wären; und ich denke, wenn Aisopos dies bemerkt hätte, würde er eine Fabel daraus gemacht haben, dass Gott beide, da sie im Kriege begriffen sind, habe aussöhnen wollen und, weil er dies nicht gekonnt, sie an den Enden zusammengeknüpft habe, und deshalb nun, wenn jemand das eine hat, komme ihm das andere nach. So scheint es nun auch mir gegangen zu sein: weil ich von der Fessel in dem Schenkel vorher Schmerz hatte, so kommt mir nun die angenehme Empfindung hintennach.

Darauf nahm Kebes das Wort und sagte: Beim Zeus, Sokrates, das ist gut, dass du mich daran erinnerst. Denn nach deinen Gedichten, die du gemacht hast, indem du die Fabeln des Aisopos in Verse gebracht, und nach dem Vorgesang an den

Apollon haben mich auch andere schon gefragt, und noch neu-
lich Euenos, wie es doch zugehe, dass, seitdem du dich hier
befindest, du Verse machest, da du es zuvor nie getan hast. Ist
dir nun etwas daran gelegen, dass ich dem Euenos zu antworten weiß, wenn er mich wieder fragt, und ich weiß gewiss, das
wird er, – so sprich, was ich ihm sagen soll!

Sage ihm denn, sprach er, o Kebes, die Wahrheit, dass ich es
nicht tue, um etwa gegen ihn und seine Gedichte aufzutreten,
denn das, wüsste ich wohl, wäre nicht leicht, sondern um zu
versuchen, was wohl ein gewisser Traum meine, und mich vor
Schaden zu hüten, wenn etwa dies die Musik wäre, die er mir
anbefiehlt. Es war nämlich dieses: es ist mir oft derselbe
Traum vorgekommen in dem nun vergangenen Leben, der mir,
bald in dieser, bald in jener Gestalt erscheinend, immer dasselbe sagte: »O Sokrates«, sprach er, »mach und treibe Musik!«
Und ich dachte sonst immer, nur zu dem, was ich schon tat,
ermuntere er mich und treibe mich noch mehr an, und wie man
die Laufenden anzutreiben pflegt, so ermuntere mich auch der
Traum zu dem, was ich schon tat, Musik zu machen, weil
nämlich die Philosophie die vortrefflichste Musik ist und ich
diese doch trieb. Seit das Urteil gefällt ist und die Feier des
Gottes meinen Tod noch verschoben hat, dachte ich doch, ich
müsse, falls etwa der Traum mir doch befehle, mit dieser ge-
meinen Musik mich zu beschäftigen, auch dann nicht ungehor-
sam sein, sondern es tun. Denn es ist doch sicherer, nicht zu
gehen, bis ich mich auch so vorgesehen und Gedichte gemacht, um dem Traum zu gehorchen. So habe ich denn zuerst
auf den Gott gedichtet, dem das Opfer eben gefeiert wurde;
und nächst dem Gott, weil ich bedachte, dass ein Dichter,
wenn er ein Dichter sein wolle, Fabeln dichten müsse und

nicht vernünftige Reden, und ich selbst nicht erfindsam bin in Fabeln, so habe ich deshalb von denen, die bei der Hand waren und die ich wusste, den Fabeln des Aisopos, die, welche mir eben aufstießen, in Verse gebracht. Dieses also, o Kebes, sage dem Euenos, und er solle wohlleben und wenn er klug wäre, mir nachkommen. Ich gehe aber, wie ihr seht, heute, denn die Athener befehlen es.

Da sagte Simmias: Was lässt du doch da dem Euenos sagen, o Sokrates! Ich habe schon viel mit dem Manne verkehrt; aber soviel ich gemerkt, wird er auch nicht die mindeste Lust haben, dir zu folgen.

Wieso? fragte er, ist Euenos nicht ein Philosoph?

Das dünkt mich doch, sprach Simmias.

Nun, so wird er auch wollen, er und jeder, der würdig an diesem Geschäfte teilnimmt. Nur Gewalt wird er sich doch nicht selbst antun; denn dies, sagen sie, sei nicht recht.

Und als er dies sagte, ließ er seine Beine von dem Bett wieder herunter auf die Erde, und so sitzend sprach er das übrige. Kebes fragte ihn nun: Wie meinst du das, o Sokrates, dass es nicht recht sei, sich selbst Leides zu tun, dass aber doch der Philosoph dem Sterbenden zu folgen wünsche!

Wie, Kebes! Habt ihr über diese Dinge nichts gehört, du und Simmias, als ihr mit dem Philolaos zusammenwaret?

Nichts Genaues wenigstens, Sokrates.

Auch ich kann freilich nur vom Hörensagen davon reden; was ich aber gehört, bin ich gar nicht abgeneigt, euch zu sagen. Auch ziemt es sich ja wohl am besten, dass der, welcher im Begriff ist, dorthin zu wandern, nachsinne und sich Bilder mache über die Wanderung dorthin, wie man sie sich wohl zu denken habe. Was könnte einer auch wohl noch weiter tun in der Zeit bis zum Untergang der Sonne?

Weshalb also sagen sie, es sei nicht recht, sich selbst zu töten, o Sokrates? Denn ich habe dies auch schon, wonach du eben fragtest, vom Philolaos gehört, als er sich bei uns aufhielt, und auch schon von andern, dass man dies nicht tun dürfe. Genaues aber habe ich von keinem jemals etwas darüber gehört.

So musst du dich noch weiter bemühen, sagte er, du kannst es ja wohl noch hören. Vielleicht aber kommt es dir auch wunderbar vor, dass dies allein unter allen Dingen schlechthin so sein soll, und auf keine Weise, wie doch sonst überall, nur bisweilen und nur für einige Menschen: nämlich es sei besser zu sterben als zu leben. Und denen nun besser wäre zu sterben, wird dir wunderbar vorkommen, dass es diesen Menschen nicht erlaubt sein solle, sich selbst wohlzutun, sondern dass sie einen andern Wohltäter erwarten sollen.

Da sagte Kebes etwas lächelnd und in seiner Mundart: Das mag Gott wissen.

Es kann freilich so scheinen, unvernünftig zu sein, sprach Sokrates, aber es hat doch auch wieder einigen Grund. Denn was darüber in den Geheimlehren gesagt wird, dass wir Menschen wie in einer Feste sind und man sich aus dieser nicht selbst losmachen und davongehen dürfe, das erscheint mir doch als eine gewichtige Rede und gar nicht leicht zu durchschauen. Wie denn auch dieses, o Kebes, mir ganz richtig gesprochen scheint, dass die Götter unsere Hüter und wir Menschen eine von den Herden der Götter sind. Oder dünkt es dich nicht so?

Allerdings wohl, sagte Kebes.

Also auch du würdest gewiss, wenn ein Stück aus deiner Herde sich selbst tötete, ohne dass du angedeutet hättest, dass du wolltest, es solle sterben, diesem zürnen und, wenn du noch eine Strafe wüsstest, es bestrafen?

Ganz gewiss, sagte er.

Auf diese Weise nun wäre es also wohl nicht unvernünftig, dass man nicht eher sich selbst töten dürfe, bis der Gott irgend eine Notwendigkeit dazu verfügt hat, wie die jetzt uns gewordene?

Dieses freilich, sagte Kebes, scheint ganz billig. Was du jedoch vorher sagtest, dass jeder Philosoph gern werde sterben wollen, dieses, o Sokrates, kommt dann ungereimt heraus; wenn doch, was wir eben sagten, sich richtig so verhält, dass Gott es ist, der uns hütet und dass wir zu seiner Herde gehören. Denn dass nicht die Vernünftigsten gerade am unwilligsten aus dieser Pflege sich entfernen sollten, wo diejenigen für sie sorgen, welche die besten Versorger sind für alles, was ist, die Götter, ist gar nicht zu denken. Denn sie können ja nicht glauben, dass sie sich selbst besser hüten werden, wenn sie frei geworden sind; sondern nur ein unvernünftiger Mensch könnte das vielleicht glauben, dass es gut wäre, von seinem Herrn zu fliehen, und könnte nicht bedenken, dass man ja von dem Guten nicht fliehen muss, sondern sich soviel als möglich daran halten, und dass er also unvernünftigerweise fliehen würde; der Vernünftige aber würde immer streben, bei dem zu sein, der besser wäre als er. Und so käme ja wohl, o Sokrates, das Gegenteil von dem heraus, was eben gesagt ward: den Vernünftigen nämlich ziemte es, ungern zu sterben, und nur den Unvernünftigen gern.

Als dies Sokrates angehört hatte, schien er mir seine Freude zu haben an des Kebes Eifer in der Sache, und indem er uns ansah, sagte er: Immer spürt doch Kebes irgend Gründe aus und will sich gar nicht leicht überreden lassen von dem, was einer behauptet.

Darauf sagte Simmias: Aber jetzt, o Sokrates, scheint auch mir etwas an dem zu sein, was Kebes vorbringt. Denn weshalb doch sollten wohl wahrhaft weise Männer von besseren Herren, als sie selbst sind, fliehen und sich gern von ihnen losmachen? Und zwar scheint mir Kebes mit seiner Rede auf dich zu zielen, dass du es so leicht erträgst, uns zu verlassen und auch jene guten Herrscher, wie du selbst gestehst, die Götter.

Ihr habt recht, sprach er. Ich denke nämlich, ihr meint, ich solle mich hierüber verteidigen wie vor Gericht.

Allerdings, sagte Simmias.

Wohlan denn, sprach er, lasst mich versuchen, ob ich mich mit besserem Erfolg vor euch verteidigen kann als vor den Richtern. Nämlich, sprach er, o Simmias und Kebes, wenn ich nicht glaubte, zuerst zu andern Göttern zu kommen, die auch weise und gut sind, und dann auch zu verstorbenen Menschen, welche besser sind als die hiesigen, so tät ich vielleicht unrecht, nicht unwillig zu sein über den Tod. Nun aber wisset nur, dass ich zu wackeren Männern zu kommen hoffe; und wenn ich auch das nicht so ganz sicher behaupten wollte, – doch dass ich zu Göttern komme, die ganz treffliche Herren sind, wisset nur, wenn irgend etwas von dieser Art, will ich dieses gewiss behaupten. So dass ich eben deshalb nicht so unwillig bin, sondern der frohen Hoffnung, dass es etwas gibt für die Verstorbenen und, wie man ja schon immer gesagt hat, etwas weit Besseres für die Guten als für die Schlechten.

Wie nun, o Sokrates? sagte Simmias, gedenkst du diese Meinung für dich zu behalten und so von uns zu gehn, oder möchtest du uns auch davon mitteilen? Mich wenigstens dünkt, dies müsse ein gemeinsames Gut sein auch für uns; und zugleich

wird ja eben das deine Verteidigung sein, wenn du uns von
dem, was du sagst, überzeugst.

So will ich es denn versuchen, sprach er. Zuvor aber lasst uns
doch von unserm Kriton hören, was es doch ist, was er mir
schon lange sagen will?

Was sonst, o Sokrates, sprach Kriton, als dass der, welcher dir
den Trank bereiten soll, mir schon lange zuredet, man müsse
dir andeuten, doch ja so wenig als möglich zu sprechen. Denn
er sagt, durch das Reden erhitze man sich, und das vertrage
sich nicht mit dem Trank; wenn aber doch, so hätten die bisweilen zweimal-, auch dreimal trinken müssen, die dergleichen
getan.

Darauf sagte Sokrates: Ach lass ihn laufen! Mag er nur seiner-
seits sich anschicken, mir auch zweimal zu geben, und wenn
es nötig wäre, auch dreimal.

Das wusste ich wohl fast vorher, sagte Kriton; aber er ließ mir
schon lange keine Ruhe.

Lass ihn, sprach er.

Euch Richtern aber will ich nun Rede darüber stehen, dass ich
mit Grunde der Meinung bin, ein Mann, welcher wahrhaft philosophisch sein Leben vollbracht, müsste getrost sein, wenn er
im Begriff ist zu sterben, und der frohen Hoffnung, dass er
dort Gutes in vollem Maß erlangen werde, wann er gestorben
ist. Wie das nun so sein möge, o Simmias und Kebes, das will
ich versuchen, euch deutlich zu machen. Nämlich diejenigen, -
die sich auf rechte Art mit der Philosophie befassen, mögen
wohl, ohne dass es freilich die andern merken, nach gar nichts
anderm streben, als nur zu sterben und tot zu sein. Ist nun dieses wahr, so wäre es ja wohl wunderlich, wenn sie ihr ganzes
Leben hindurch zwar sich um nichts anderes bemühten als um

dieses, wenn es nun aber selbst käme, hernach wollten unwillig sein über das, wonach sie lange gestrebt und sich bemüht haben.

Da lachte Simmias und sagte: Beim Zeus, Sokrates, wiewohl ich jetzt eben nicht im Mindesten lachlustig bin, hast du mich doch lachen gemacht. Ich denke nämlich, wenn die Leute so dies hörten, würden sie glauben, dies sei ganz vortrefflich gesagt gegen die Philosophen, und würden zumal bei uns gewiss gewaltig beistimmen, es sei so, die Philosophen sehnten sich wirklich zu sterben, und sie ihrerseits wüssten auch, dass sie wohl verdienten, dies zu erlangen.

Da würden sie auch ganz wahr sprechen, o Simmias, das eine ausgenommen, dass sie das recht gut wüssten. Denn weder wissen sie, wie die wahrhaften Philosophen den Tod wünschen, noch wie sie ihn verdienen [und was für einen Tod].

Lasst uns nun, sprach er, jenen den Abschied geben, zu uns selbst aber sagen, ob wir wohl glauben, dass der Tod etwas sei?

Allerdings, fiel Simmias ein.

Und wohl etwas anderes als die Trennung der Seele von dem Leibe? Und dass das heiße »tot sein«, wenn abgesondert von der Seele der Leib für sich allein ist und auch die Seele abgesondert von dem Leibe für sich allein ist? Oder sollte wohl der Tod etwas anderes sein als dieses?

Nein, sondern eben dieses.

So bedenke denn, Guter, ob auch dich dasselbe bedünkt wie mich; denn hieraus, glaube ich, werden wir das besser erkennen, wonach wir fragen. Scheint dir, dass es sich für einen philosophischen Mann gehöre, sich Mühe zu geben um die sogenannten Lüste, wie um die am Essen und Trinken?

Nichts weniger wohl, o Sokrates, sprach Simmias.

Oder um die aus dem Geschlechtstriebe?

Keineswegs.

Und die übrige Besorgung des Leibes, glaubst du, dass ein solcher sie groß achte? Wie z.b. schöne Kleider und Schuhe und andere Arten von Schmuck des Leibes zu haben, glaubst du, dass er es achte oder verachte, mehr als höchst nötig ist, sich hierum zu kümmern?

Verachten, dünkt mich wenigstens, wird es der wahrhafte Philosoph.

Dünkt dich also nicht überhaupt eines solchen ganze Beschäftigung nicht um den Leib zu sein, sondern soviel nur möglich von ihm abgekehrt und der Seele zugewendet?

Das dünkt mich.

Also hierin zuerst zeigt sich der Philosoph als ablösend seine Seele von der Gemeinschaft mit dem Leibe vor den übrigen Menschen allen?

Offenbar.

Und die meisten Menschen meinen doch, o Simmias, wem dergleichen nicht süß ist, und wer daran keinen Teil hat, dem lohne es nicht zu leben, sondern ganz nahe sei der am Totsein, der sich um die angenehmen Empfindungen nicht bekümmere, welche durch den Leib kommen.

Du sprichst vollkommen recht.

Wie aber nun mit dem Erwerb der richtigen Einsicht selbst, – ist dabei der Leib im Wege oder nicht, wenn ihn jemand bei dem Streben danach zum Gefährten mit aufnimmt? Ich meine so: Gewähren wohl Gesicht und Gehör den Menschen einige Wahrheit? Oder singen uns selbst die Dichter das immer vor, dass wir nichts genau hören noch sehen? Und doch, wenn un-

ter den Wahrnehmungen, die dem Leibe angehören, diese
nicht genau sind und sicher, dann die andern wohl gar nicht −
denn alle sind ja wohl schlechter als diese −; oder dünken sie
dich das nicht?

Freilich, sagte er.

Wann also trifft die Seele die Wahrheit? Denn wenn sie mit
dem Leibe versucht etwas zu betrachten, dann offenbar wird
sie von diesem hintergangen.

Richtig.

Wird also nicht in dem Denken, wenn irgendwo, ihr etwas von
dem Seienden offenbar?

Ja.

Und sie denkt offenbar am besten, wenn nichts von diesem sie
betrübt, weder Gehör noch Gesicht noch Schmerz und Lust,
sondern wenn sie am meisten ganz für sich ist, den Leib gehn
lässt und, soviel irgend möglich, ohne Gemeinschaft und Verkehr mit ihm dem Seienden nachgeht.

So ist es.

Also auch dabei verachtet des Philosophen Seele am meisten
den Leib, flieht von ihm und sucht für sich allein zu sein?

So scheint es.

Wie nun hiermit, o Simmias?

Sagen wir, dass das Gerechte etwas sei oder nichts?

Wir behaupten es ja freilich, beim Zeus.

Und nicht auch das Schöne und Gute?

Wie sollte es nicht?

Hast du nun wohl schon jemals hiervon das mindeste mit Augen gesehen?

Keineswegs, sprach er.

Oder mit sonst einer Wahrnehmung, die vermittelst des Leibes erfolgt, es getroffen? Ich meine aber alles dieses, Größe, Gesundheit, Stärke und mit einem Worte von allem insgesamt das Wesen, was jegliches wirklich ist; wird etwa vermittelst des Leibes hiervon das eigentlich Wahre geschaut, oder verhält es sich so: wer von uns am meisten und genauesten es darauf anlegt, jegliches selbst unmittelbar zu denken, was er untersucht, der kommt auch am nächsten daran, jegliches zu erkennen?

Allerdings.

Und der kann doch jenes am reinsten ausrichten, der am meisten mit dem Gedanken allein zu jedem geht, ohne weder das Gesicht mit anzuwenden beim Denken noch irgend einen anderen Sinn mit zuzuziehen bei seinem Nachdenken, sondern, sich des reinen Gedankens allein bedienend, auch jegliches rein für sich zu fassen trachtet, soviel möglich geschieden von Augen und Ohren und, um es kurz zu sagen, von dem ganzen Leibe, der nur verwirrt und die Seele nicht Wahrheit und Einsicht erlangen lässt, wenn er mit dabei ist. Ist es nicht ein solcher, o Simmias, der, wenn irgend einer, das Wahre treffen wird?

Über die Maßen hast du recht, o Sokrates, sprach Simmias.

Ist es nun nicht natürlich, dass durch dieses alles eine solche Meinung bei den wahrhaft Philosophierenden aufkommt, so dass sie auch dergleichen unter sich reden: »Es wird uns ja wohl gleichsam ein Fußsteig heraustragen mit der Vernunft in der Untersuchung, weil, solange wir noch den Leib haben und unsere Seele mit diesem Übel im Gemenge ist, wir nie befriedigend erreichen können, wonach uns verlangt; und dieses, sagen wir doch, sei das Wahre. Denn der Leib macht uns tausenderlei zu schaffen wegen der notwendigen Nahrung; dann auch, wenn uns Krankheiten zustoßen, verhindern uns diese, das Wahre zu erjagen, und auch mit Gelüsten und Begierden, Furcht und mancherlei Schattenbildern und vielen Kindereien erfüllt er uns; so dass recht in Wahrheit, wie man auch zu sagen pflegt, wir um seinetwillen nicht einmal dazu kommen, auch nur irgend etwas richtig einzusehen. Denn auch Kriege und Unruhen und Schlachten erregt uns nichts anderes als der Leib und seine Begierden: denn über den Besitz von Geld und Gut entstehen alle Kriege, und dieses müssen wir haben des Leibes wegen, weil wir seiner Pflege dienstbar sind, und daher fehlt es uns an Muße, der Weisheit nachzutrachten, um aller dieser Dinge willen wegen alles dessen. Und endlich noch, wenn es uns auch einmal Muße lässt und wir uns anschicken, etwas zu untersuchen, so fällt er uns wieder bei den Untersuchungen selbst beschwerlich, macht uns Unruhe und Störung und verwirrt uns, dass wir seinetwegen nicht das Wahre sehen können. Sondern es ist uns wirklich ganz klar, dass, wenn wir je etwas rein erkennen wollen, wir uns von ihm losmachen und mit der Seele selbst die Dinge selbst schauen müssen. Und dann erst offenbar werden wir haben, was wir begehren und wessen Liebhaber wir zu sein behaupten, die Weisheit, wenn wir tot sein werden, die die Rede uns andeutet, solange wir leben aber nicht. Denn wenn es nicht möglich ist, mit dem Leibe irgend etwas rein zu erkennen, so können wir nur eines von beiden: entweder niemals zum Verständnis gelangen oder nach dem Tode. Denn alsdann wird die Seele für sich allein sein, abgesondert vom Leibe, vorher aber nicht. Und solange wir leben, werden wir, wie sich zeigt, nur dann dem Erkennen am nächsten sein, wenn wir so viel wie möglich nichts mit dem Leibe zu schaffen noch gemein haben, was nicht höchst nötig ist, und wenn wir mit seiner Natur uns nicht anfüllen, sondern uns von ihm rein halten, bis der Gott selbst uns befreit. Und so rein der Torheit des Leibes entledigt, werden wir wahrscheinlich mit eben solchen zusammen sein und durch uns selbst alles Ungetrübte erkennen, und dies ist eben wohl das Wahre. Dem Nichtreinen aber mag Reines zu berühren wohl nicht vergönnt sein. Dergleichen meine ich, o Simmias, werden notwendig alle wahrhaft Wissbegierigen denken und untereinander reden. Oder dünkt dich nicht so?

Auf alle Weise, o Sokrates.

Wenn nun, sprach Sokrates, dieses wahr ist, o Freund, so ist ja große Hoffnung, dass, wenn ich dort angekommen bin, wohin ich jetzt gehe, ich dort, wenn irgendwo, zur Genüge dasjenige erlangen werde, worauf alle unsere Bemühungen in dem vergangenen Leben gezielt haben; so dass die mir jetzt aufgetragene Wanderung mit guter Hoffnung anzutreten ist auch für jeden andern, der nur glauben kann, dafür gesorgt zu haben, dass seine Seele rein ist.

Allerdings, sprach Simmias.

Und wird nicht das eben die Reinigung sein, was schon immer in unserer Rede vorgekommen ist, dass man die Seele möglichst vom Leibe absondere und sie gewöhne, sich von allen Seiten her aus dem Leibe für sich zu sammeln und zusammenzuziehen und so viel als möglich, sowohl gegenwärtig, als hernach, für sich allein zu bestehen, befreit, wie von Banden, von dem Leibe?

Allerdings, sagte er.

Heißt aber dies nicht Tod: Erlösung und Absonderung der Seele von dem Leibe?

Allerdings, sagte Jener.

Und sie zu lösen streben immer am meisten, sagte er, nur allein die wahrhaft Philosophierenden; und eben dies also ist das Geschäft der Philosophen: Befreiung und Absonderung der Seele von dem Leibe; oder nicht?

Offenbar.

Also wäre es ja, wie ich anfänglich sagte, lächerlich, wenn ein Mann, der sich in seinem ganzen Leben darauf eingerichtet hätte, so nahe als möglich an dem Gestorbensein zu leben, hernach, wenn eben dieses kommt, sich ungebärdig stellen sollte? Wäre das nicht lächerlich?

Wie sollte es nicht?

In der Tat also, o Simmias, trachten die richtig Philosophierenden danach, zu sterben und der Tod ist ihnen unter allen Menschen am wenigsten furchtbar. Erwäge es nur so: Wenn sie auf alle Weise mit dem Leibe entzweit sind und begehren, die Seele für sich allein zu haben, geschieht dieses aber, dann sich fürchten und unwillig sein wollten, − wäre das nicht die größte Torheit, wenn sie dann nicht mit Freuden dahin gehen wollten, wo sie Hoffnung haben, dasjenige zu erlangen, was sie im Leben liebten − sie liebten aber die Weisheit −, und des Zusammenseins mit demjenigen entledigt zu werden, was ihnen zuwider war? Oder sollten nur viele, denen menschliche Geliebte und Weiber und Kinder gestorben sind, freiwillig haben in die Unterwelt gehen wollen, von dieser Hoffnung getrieben, dass sie dort die wiedersehn würden, nach denen sie sich sehnten, und mit ihnen umgehn würden; wer aber die Weisheit wahrhaft liebt und eben diese Hoffnung kräftig aufgefasst hat, dass er sie nirgend anders nach Wunsch erreichen werde als in der Unterwelt, den sollte es verdrießen, zu sterben und er sollte nicht freudig dorthin gehn? Das muss man ja

wohl glauben, Freund, wenn er nur wahrhaft ein Weisheitslie-
bender ist. Denn gar stark wird ein solcher dieses glauben,
dass er nirgend anders die Wahrheit rein antreffen werde als
nur dort. Wenn sich aber dies so verhält, wie ich eben sagte,
wäre es nicht große Unvernunft, wenn ein solcher den Tod
fürchtete?

Gar große, beim Zeus, sagte jener.

Also, sagte er, ist dir auch das wohl ein hinlänglicher Beweis
von einem Manne, wenn du ihn unwillig siehst, indem er sterben soll, dass er nicht die Weisheit liebte, sondern den Leib
irgendwie; denn wer den liebt, der ist auch geldsüchtig und
ehrsüchtig, entweder eines von beiden oder beides.

Vollkommen verhält es sich so, wie du sagst.

Wird nun nicht auch, o Simmias, sagte er, was man Tapferkeit
nennt, den so Gesinnten vorzüglich zukommen?

Ganz gewiss wohl, antwortete er.

Nicht auch die Besonnenheit, was auch alle Leute Besonnenheit nennen: sich von Begierden nicht fortreißen lassen, sondern sich gleichgültig gegen sie verhalten und sittsam, –
kommt nicht auch sie denen allein zu, welche den Leib am
meisten geringschätzen und in der Liebe zur Weisheit leben?

Notwendig, sagte er.

Denn, fügte jener hinzu, wenn du nur recht betrachten willst
die Tapferkeit und Besonnenheit der andern, so wird sie dir
ganz wunderlich vorkommen.

Wie das, o Sokrates?

Du weißt doch, sagte er, dass den Tod die andern alle unter die
großen Übel rechnen?

Allerdings.

Ist es also nicht aus Furcht vor noch größeren Übeln, dass die

Tapfern unter ihnen den Tod erdulden, wenn sie ihn erdulden. So ist es.

Also weil sie sich fürchten, und aus Furcht sind alle tapfer bis auf die, welche die Weisheit lieben. Wiewohl das doch ungereimt ist, dass einer aus Furcht und Feigheit tapfer sein soll. Freilich wohl.

Und wie die Sittsamen unter ihnen? Hat es mit denen nicht dieselbe Bewandtnis? Aus irgend einer Zügellosigkeit sind sie besonnen, wiewohl wir freilich sagen, dies sei unmöglich; aber doch geht es ihnen wirklich ganz ähnlich bei dieser einfältigen Besonnenheit. Denn aus Besorgnis, einiger Lust beraubt zu werden, und weil sie diese begehren, enthalten sie sich der einen, weil von anderen beherrscht; und wiewohl man das Zügellosigkeit nennt, von Lüsten beherrscht werden, begegnet ihnen doch, dass sie, von Lüsten beherrscht, andere Lüste beherrschen, und dies ist doch dem ganz ähnlich, was eben gesagt wurde: auf gewisse Weise aus Zügellosigkeit besonnen geworden zu sein.

Das leuchtet ein.

O bester Simmias, dass uns also nur nicht dies gar nicht der rechte Tausch ist, um Tugend zu erhalten, Lust gegen Lust und Unlust gegen Unlust und Furcht gegen Furcht austauschen und Größeres gegen Kleineres, wie Münze; sondern jenes die einzige rechte Münze, gegen die man alles dieses vertauschen muss, die Vernünftigkeit, und nur alles, was mit dieser und für diese verkauft ist und eingekauft, in Wahrheit allein Tapferkeit ist und Besonnenheit und Gerechtigkeit, und überhaupt wahre Tugend nun mit Vernünftigkeit ist, mag nun Lust und Furcht und alles übrige der Art dabei sein oder nicht dabei sein; werden aber diese, abgesondert von der Vernünftigkeit, gegen einander umgetauscht, eine solche Tugend dann immer nur ein Schattenbild ist und in der Tat knechtisch, die nichts Gesundes und Wahres an sich hat, das Wahre aber gerade Reinigung von dergleichen allem ist, und Besonnenheit und Gerechtigkeit und Tapferkeit und die Vernünftigkeit selbst Reinigungen sind. Und so mögen auch diejenigen, welche uns die Weihen angeordnet haben, gar nicht schlechte Leute sein, sondern schon seit langer Zeit uns andeuten, wenn einer ungeweiht und ungeheiligt in der Unterwelt anlangt, dass er in den Schlamm zu liegen kommt, der Gereinigte aber und Geweihte, wenn er dort angelangt ist, bei den Göttern wohnt. Denn, sagen die, welche mit den Weihen zu tun haben, Thyrsosträger sind viele, doch echte Begeisterte wenig. Diese aber sind, nach meiner Meinung, keine anderen, als die sich auf rechteWeise der Weisheit beflissen haben, deren einer zu werden auch ich nach Vermögen im Leben nicht versäumt, sondern mich auf alle Weise bemüht habe. Ob ich mich aber auf die rechte Weise bemüht und etwas vor mich gebracht habe, das werden wir, dort angekommen, sicher erfahren, wenn Gott will, binnen kurzem, wie mich dünkt. Dieses nun, sprach er, o Simmias und Kebes, ist meine Verteidigung darüber, dass euch und die hiesigen Gebieter zu verlassen mir mit Recht nicht schwer fällt noch mich verdrießt, weil ich dafür halte, auch dort nicht minder vortreffliche Gebieter und Freunde anzutreffen als hier; den meisten aber ist dies unglaublich. Bin ich also für euch überzeugender gewesen in meiner Verteidigung als für die athenischen Richter, so ist es gut.

Als Sokrates dieses geredet, fiel Kebes ein und sprach: O Sokrates, das andere dünkt mich alles gar schön gesagt; nur das von wegen der Seele findet großen Unglauben bei den Men-

schen, ob sie nicht, wenn sie vom Leibe getrennt ist, nirgend
mehr ist, sondern an jenem Tage umkommt und untergeht, an
welchem der Mensch stirbt, und sobald sie von dem Leibe sich
trennt und ausfährt wie ein Hauch oder Rauch, auch zerstoben
ist und verflogen, und nirgend nichts mehr ist. Denn wäre sie
noch wo für sich bestehend und zusammenhaltend, wenn erlöst
von diesen Übeln, die du eben beschrieben hast, so wäre ja
große und schöne Hoffnung; o Sokrates, dass alles wahr sei,
was du sagst. Aber dies bedarf vielleicht nicht geringer Über-
redungsgründe und Beweise, dass die Seele noch ist nach dem
Tode des Menschen und noch irgend Kraft und Einsicht hat.

Du sprichst ganz wahr, sagte Sokrates, o Kebes; aber was sollen wir machen? Sollen wir eben das miteinander durchspre-
chen, ob es wahrscheinlich ist, dass es sich so verhalte, oder ob
nicht?

Ich mindestens, sagte Kebes, möchte gern hören, was für eine
Meinung du hierüber hast.

Wenigstens glaube ich nicht, sprach Sokrates, dass irgend einer, der es hört, und wäre es auch ein Komödienschreiber, sagen dürfte, dass ich leeres Geschwätz treibe und Reden führe
über ungehörige Dinge. Dünkt es euch nun und sollen wir die
Sache in Erwägung ziehn, so lasst uns so betrachten, ob die
Seelen, nachdem die Menschen gestorben, in der Unterwelt
sind, oder ob nicht. Eine alte Rede gibt es nun freilich, deren
wir uns erinnern, dass, wie sie von hier dorthin gekommen
sind, sie auch wieder hierher zurückkehren und wieder geboren werden aus den Toten. Und wenn sich dies so verhält, dass
die Lebenden wieder geboren werden aus den Gestorbenen, so
sind ja wohl unsere Seelen dort? Denn sie könnten nicht wieder geboren werden, wenn sie nicht wären. Und ein hinrei-

chender Beweis wäre dies, dass es so ist, wenn wirklich offenbar würde, dass die Lebenden nirgend anders herkämen als von den Toten. Wenn dies aber nicht so ist, dann bedürften wir eines andern Grundes.

Gewiss, sagte Kebes.

Betrachte es nur nicht allein an Menschen, fuhr jener fort, wenn du es eher innewerden willst, sondern auch an den Tieren insgesamt und den Pflanzen und überhaupt an allem, was eine Entstehung hat, lass uns zu sehen, ob etwa alles entsteht, nirgend andersher, als jedes aus seinem Gegenteil, was nur ein solches hat, wie doch das Schöne von dem Hässlichen das Gegenteil ist und das Gerechte von dem Ungerechten, und ebenso tausend anderes sich verhält. Dieses also lass uns sehen, ob nicht notwendig, was nur ein Entgegengesetztes hat, nirgend andersher selbst entsteht, als aus diesem ihm Entgegengesetzten. So wie z.B.: wenn etwas größer wird, muss es doch notwendig aus irgend vorher Kleinergewesenem hernach größer werden?

Ja.

Nicht auch, wenn es kleiner wird, wird es aus vorher Größerem hernach kleiner?

So ist es, sagte er.

Und ebenso aus Stärkerem das Schwächere, und aus Langsamerem das Schnellere?

Gewiss.

Und wie? Wenn etwas schlechter wird, nicht aus Besserem? Und wenn gerechter, nicht aus Ungerechterem?

Wie sonst?

Dies also, sprach er, haben wir sicher genug, dass alle Dinge so entstehen: das Entgegengesetzte aus dem Entgegengesetzten?

Freilich.

Und wie? Gibt es nicht auch so etwas dabei, wie zwischen
jeglichem Entgegengesetzten, was doch immer zwei sind, auch
ein zwiefaches Werden von dem einen zu dem andern und von
diesem wieder zu jenem zurück? Denn zwischen dem Größeren und Kleineren ist Wachstum und Abnahme, und so nennen
wir auch das eine Wachsen, das andere Abnehmen?

Ja, sagte er.

Nicht auch Aussondern und Vermischen, Abkühlen und Er-
wärmen, und so alles, wenn wir auch bisweilen die Worte dazu
nicht haben, muss sich doch der Sache nach überall so verhalten, dass eines aus dem andern entsteht, und dass es ein Werden von jedem zu dem andern gibt?

Gewiss.

Wie nun? fuhr er fort, ist dem Leben auch etwas entgegengesetzt, wie dem Wachen das Schlafen?

Gewiss, sagte er.

Und was?

Das Totsein, sagte er.

Also entstehen diese auch aus einander, wenn sie entgegengesetzt sind, und es gibt zwischen ihnen zweien ein zwiefaches
Werden?

Wie sollte es nicht?

Die Verknüpfungen nun des einen Paars von den ebengenann-
ten Dingen will ich dir aufzeigen, sprach Sokrates, und das
dazu gehörige Werden, du aber mir die andern. Ich sage nämlich, das eine sei Schlafen und das andere Wachen, und aus
dem Schlafen werde das Wachen und aus dem Wachen das
Schlafen, und dies Werden beider sei das Einschlafen und das

Aufwachen; habe ich es dir hinlänglich erklärt oder nicht?

Vollkommen.

Sage du mir also ebenso von Leben und Tod! Sagst du nicht, dem Leben sei das Totsein entgegengesetzt?

Das sage ich.

Und dass beides aus einander entstehe?

Ja.

Aus dem Lebenden also, was entsteht?

Das Tote, sprach er.

Und was aus dem Toten?

Notwendig, sprach er, muss man eingestehn: das Lebende.

Aus dem Gestorbenen also, o Kebes, entsteht das Lebende und die Lebenden?

So zeigt es sich, sprach er.

Also sind, sprach er, unsere Seelen in der Unterwelt.

So scheint es.

Und nicht wahr, auch von dem Werden, was hierzu gehört, ist das eine deutlich genug? Denn Sterben ist doch deutlich genug, oder nicht?

Freilich, sagte er.

Was wollen wir aber nun machen? sprach er. Wollen wir nicht auch das entgegengesetzte Werden hinzunehmen, sondern soll die Natur von dieser Seite lahm sein? Oder müssen wir nicht notwendig auch ein dem Sterben entgegengesetztes Werden annehmen?

Auf alle Weise, sagte er.

Und was für eines?

Das Aufleben.

Also, sprach er, wenn es ein Aufleben gibt, so wäre eben dieses das Werden der Lebenden aus dem Toten, das Aufleben?

Freilich.

Also auch auf diese Weise kommt es uns heraus dass die Lebenden aus den Toten entstanden sind, nicht weniger als die Toten aus den Lebenden. Ist dies nun so, so schien es uns ja als ein hinreichender Beweis, dass die Seelen der Verstorbenen wo sein müssen, woher sie wieder lebend werden.

Mich dünkt, o Sokrates. dem Eingestandenen gemäß müsse es sich so verhalten.

Siehe nun auch, o Kebes, sprach er, dass wir nichts mit Unrecht eingestanden haben, wie mich dünkt: Denn wenn nicht dem auf die eine Art Gewordenen immer das auf die andere Art entspräche und das Werden wie im Kreise herumginge, sondern es ein gerade fortschreitendes Werden gäbe nur aus dem einen in das Gegenüberstehende, ohne dass dies sich wieder wendete und zum andern zurückkäme, so siehst du wohl, dass am Ende alles einerlei Gestalt haben und in einerlei Zustand sich befinden und aufhören würde zu werden?

Wie meinst du das? fragte er.

Es ist gar nicht schwer, sagte er, zu begreifen, was ich meine; sondern wie wenn das Einschlafen zwar wäre, ein Aufwachen aber entspräche ihm nicht, das aus dem Schlafenden würde, so, weißt du wohl, würde am Ende alles beweisen, Endymion sei nur eine Posse und nirgend anzutreffen, weil es auch allem andern ebenso erginge wie ihm, dass es schliefe; und wie wenn alles immer vermischt würde und nicht gesondert, bald jenes Wort des Anaxagoras sich einstellen würde: *Alle Dinge zumal*. Würde nicht ebenso auch, lieber Kebes, wenn alles zwar stürbe, was am Leben Anteil hat, nachdem es aber gestorben wäre, das Tote immer in dieser Gestalt bliebe und nicht wieder auflebte, ganz notwendig zuletzt alles tot sein und nichts leben?

Denn wenn zwar aus dem andern das Lebende würde, das Lebende aber stürbe, – wie wäre denn zu helfen, dass nicht zuletzt alles im Totsein aufginge?

Gar nicht, denke ich, o Sokrates, sagte Kebes; sondern du scheinst mir durchaus richtig zu reden.

Es ist auch, o Kebes, sagte er, wie mich dünkt, auf alle Weise so, und nicht etwa überlistet gestehen wir dieses ein: sondern es gibt in der Tat ein Wiederaufleben und ein Werden der Lebenden aus den Toten und ein Sein der Seelen der Gestorbenen [und zwar für die Guten ein Bessersein, für die Schlechten aber ein Schlechtersein.]

Und eben das auch, sprach Kebes einfallend, nach jenem Satz, o Sokrates, wenn er richtig ist, den du oft vorzutragen pflegtest, dass unser Lernen nichts anderes ist als Wiedererinnerung, und dass wir deshalb notwendig in einer früheren Zeit gelernt haben müssten, wessen wir uns wiedererinnern und dass dies unmöglich wäre, wenn unsere Seele nicht schon war, ehe sie in diese menschliche Gestalt kam; so dass auch hiernach die Seele etwas Unsterbliches sein muss.

Aber, o Kebes, sprach Simmias einfallend, welches sind davon die Beweise? Erinnere mich daran: denn in diesem Augenblick besinne ich mich nicht recht darauf.

Nur an den einen schönsten, sagte Kebes, dass, wenn die Menschen gefragt werden und einer sie nur recht zu fragen versteht, sie alles selbst sagen, wie es ist, da doch, wenn ihnen keine Erkenntnis einwohnte und richtige Einsicht, sie nicht imstande sein würden, dieses zu tun. Und wenn man sie zu den geometrischen Figuren führt oder etwas Ähnlichem, so zeigt sich dabei am deutlichsten, dass sich dies so verhält.

Wenn du es aber so nicht glaubst, o Simmias, sagte Sokrates, so sieh zu, ob du uns, wenn du es etwa folgendermaßen betrachtest, beifallen wirst: Du zweifelst nämlich, wie doch das sogenannte Lernen könne Erinnerung sein?

Ich zweifle zwar, sprach Simmias, gerade nicht; nur eben dessen, wovon die Rede ist, möchte ich lernen, erinnert zu werden; und fast schon aus dem, was mir Kebes versucht hat zu sagen, habe ich mich besonnen und glaube es. Nichtsdestoweniger aber würde ich jetzt gern hören, wie du es vorgetragen hast.

Ich folgendermaßen, sprach er: Wir gestehen doch wohl, dass, wenn sich einer etwas erinnern soll, er dies vorher schon wissen muss.

Gewiss wohl.

Gestehen wir etwa auch dieses, dass, wenn einem Erkenntnis auf folgende Weise kommt, dies Erinnerung sei? Ich meine aber diese Art: wenn jemand irgend etwas sieht oder hört oder anderswie wahrnimmt und er dann nicht nur jenes erkennt, sondern dabei noch ein anderes vorstellt, dessen Erkenntnis nicht dieselbe ist, sondern eine andere, − ob wir dann nicht mit Recht sagen, dass er sich dessen nicht erinnere, wovon er so eine Vorstellung bekommen hat?

Wie meinst du das?

So wie z.B. folgendes: Eine ganz andere Vorstellung ist doch die von einem Menschen und die von einer Leier?

Wie sollte sie nicht?

Du weißt aber doch, dass Liebhabern, wenn sie eine Leier sehen oder ein Kleid oder sonst etwas, was ihr Liebling zu gebrauchen pflegt, es so ergeht: sie erkennen die Leier, und in ihrer Seele nehmen sie zugleich auf das Bild des Knaben, dem die Leier gehört, und das ist nun Erinnerung, so wie auch einer, wenn er den Simmias sieht, wohl leicht an den Kebes denkt, und tausenderlei dergleichen.

Tausenderlei, beim Zeus, sagte Simmias.

Und nicht wahr, sprach er, dergleichen ist nun Erinnerung, vorzüglich wenn es einem bei solchen Dingen begegnet, die ihm, weil sie ihm seit langer Zeit schon nicht vorgekommen und er nicht an sie gedacht, in Vergessenheit geraten waren.

Allerdings, sagte er.

Wie nun: Kann man sich auch wohl, wenn man ein gemaltes Pferd sieht oder eine gemalte Leier, eines Menschen dabei erinnern? Und wenn man den Simmias gemalt sieht, sich des Kebes dabei erinnern?

Auch das freilich.

Auch wenn man den Simmias gemalt sieht, sich des Simmias selbst erinnern?

Das kann man freilich, sagte er.

Und nicht wahr, in allen diesen Fällen entsteht uns Erinnerung: das einemal aus ähnlichen Dingen, das anderemal aus unähnlichen?

So entsteht sie.

Aber, wenn nun einer bei ähnlichen Dingen sich etwas erinnert, muss ihm nicht auch das noch dazu begegnen, dass er inne wird, ob diese etwas zurückbleiben in der Ähnlichkeit, oder nicht, hinter dem, dessen er sich erinnert?

Notwendig, sagte er.

Wohlan denn, sprach jener, sieh zu, ob sich dies so verhält: Wir nennen doch etwas gleich? Ich meine nicht, ein Holz dem andern oder einen Stein dem andern noch irgend etwas dergleichen, sondern außer diesem allen etwas anderes, das Gleiche selbst: sagen wir, dass das etwas ist oder nichts?

Gewiss, beim Zeus, sprach Simmias, ganz entschieden!

Erkennen wir auch dieses, was es ist?

Allerdings, sprach er. Woher nahmen wir aber seine Erkenntnis: Nicht aus dem, was wir eben sagten? Wenn wir Hölzer oder Steine oder irgend andere gleiche Dinge sahen, haben wir nicht bei diesen uns jenes vorgestellt, was doch verschieden ist von diesen? Oder scheint es dir nicht verschieden zu sein? Bedenke es nur auch so: Erscheinen dir nicht gleiche Steine oder Hölzer, ganz dieselben bleibend, bisweilen als gleich und dann wieder nicht?

O ja.

Wie aber? Die gleichen Dinge selbst erscheinen dir bisweilen als ungleich, und etwa auch die Gleichheit als Ungleichheit?

Nimmermehr wohl, Sokrates.

Also, sprach er, sind jene gleichen Dinge und dieses Gleiche selbst nicht dasselbe.

Offenbar keineswegs, o Sokrates.

Doch aber bei jenen Gleichen, verschieden von diesem Gleichen, hast du die Erkenntnis des letzteren vorgestellt oder erhalten?

Vollkommen richtig.

Indem es jenen entweder ähnlich ist oder unähnlich?

Freilich.

Und das macht ja, sprach er, keinen Unterschied. Denn sooft du, etwas sehend, von dieser Gesichtswahrnehmung aus dir vorstellst, sei es nun ähnlich oder unähnlich, so ist notwendig dieses Vorstellen eine Erinnerung gewesen.

Allerdings.

Wie aber weiter? sprach er; begegnet uns so etwas bei den gleichen Hölzern und andern, von denen wir eben sprachen?

Scheinen sie uns ebenso gleich zu sein wie das Gleiche? Oder fehlt etwas daran, dass sie nicht so sind wie das Gleiche, oder nicht?

Gar viel, sprach er, fehlt daran.

Müssen wir nun nicht gestehen, wenn jemand, der etwas sieht, bemerkt, dieses, was ich hier sehe, will zwar sein wie etwas gewisses anderes, es bleibt aber zurück und vermag nicht so zu sein wie jenes, sondern ist schlechter, – dass der, welcher dies bemerkt, notwendig jenes vorher kennen muss, von dem er sagt, dass das andere ihm zwar gleiche, aber doch dahinter zurückbleibe?

Notwendig.

Und wie? Geht es uns nun so mit den gleichen Dingen und dem Gleichen selbst?

Auf alle Weise.

Notwendig aber kennen wir das Gleiche schon vor jener Zeit, als wir, zuerst Gleiches erblickend, dass alles dergleichen strebe zu sein wie das Gleiche, aber doch dahinter zurückbleibe?

So ist es.

Aber auch das geben wir doch zu, dass wir eben dieses nirgend andersher bemerkt haben noch imstande sind, es zu bemerken, als bei dem Sehen oder Berühren oder irgend einer andern Wahrnehmung, denn diese sind mir alle einerlei.

Sie sind auch einerlei, o Sokrates, für das, wohin unsere Rede will.

Aber doch an den Wahrnehmungen muss man bemerken, dass alles so in den Wahrnehmungen Vorkommende jenem nachstrebt, was das Gleiche ist, und dass es dahinter zurückbleibe. Oder wie wollen wir sagen?

So.

Ehe wir also anfingen, zu sehen oder zu hören oder die anderen Sinne zu gebrauchen, mussten wir schon irgendwoher die Erkenntnis bekommen haben des eigentlich Gleichen, was es ist, wenn wir doch das Gleiche in den Wahrnehmungen so auf jenes beziehen sollten, dass dergleichen alles zwar strebt zu sein wie jenes, aber doch immer schlechter ist.

Notwendig nach dem Vorhergesagten, o Sokrates.

Nun aber haben wir doch gleich von unserer Geburt an gesehen, gehört und die anderen Sinne gebraucht?

Freilich.

Und wir mussten, sagen wir, schon ehe dieses geschah, die Erkenntnis des Gleichen bekommen haben?

Ja.

Ehe wir also geboren wurden, müssen wir sie, wie sich zeigt, bekommen haben.

So zeigt es sich.

Wenn wir sie also vor unserer Geburt empfangen haben und in ihren Besitz geboren worden sind, so erkannten wir auch schon, ehe wir wurden und sobald wir da waren, nicht das Gleiche nur und das Größere und Kleinere, sondern alles dieser Art insgesamt? Denn es ist uns ja jetzt nicht eben mehr von dem Gleichen die Rede, als auch von dem Schönen selbst und dem Guten selbst und dem Rechten und Frommen und, wie ich sage, von allem, was wir bezeichnen als dies selbst, was es ist, in unseren Fragen, wenn wir fragen, und in unseren Antworten, wenn wir antworten. So dass wir notwendig von diesem allen die Erkenntnis, schon ehe wir geboren wurden, erhalten haben.

So ist es.

Und dass wir, wenn wir sie nicht immer wieder vergäßen,

nachdem wir sie bekommen, auch immer wissen und uns ihrer das ganze Leben hindurch bewusst sein würden. Denn das heißt ja »wissen«: eine empfangene Erkenntnis besitzen und nicht verloren haben. Oder heißt das nicht »vergessen«, o Simmias: Verlust einer Erkenntnis?

Auf alle Weise, sagte er, o Sokrates.

Und wenn wir, meine ich, vor unserer Geburt sie besaßen und sie bei der Geburt verloren haben, hernach aber beim Gebrauch unserer Sinne an solchen Gegenständen eben jene Erkenntnisse wieder aufnahmen, die wir einmal schon vorher hatten, ist dann nicht, was wir »lernen« heißen, das Wiederaufnehmen einer uns schon angehörigen Erkenntnis? Und wenn wir dies »wiedererinnern« nennen, werden wir es nicht richtig benennen?

Gewiss.

Denn das hatte sich uns doch als möglich gezeigt, dass, wer etwas wahrnimmt, es sei nun durch Gesicht und Gehör oder irgend einen anderen Sinn, dabei etwas anderes vorstellen könne, was er vergessen hatte und was diesem nahekam als unähnlich oder als ähnlich. Also, wie ich sage, eines von beiden: entweder sind wir mit diesem Wissen geboren worden und wissen es unser Leben lang alle, oder die, von denen wir sagen, dass sie hernach erst lernen, erinnern sich dessen nur, und das Lernen wäre also eine Erinnerung.

Wohl gar sehr verhält es sich so, Sokrates.

Welches nun wählst du, o Simmias, dass wir wissend geboren werden, oder dass wir hernach dessen erinnern, wovon wir schon vorher eine Erkenntnis gehabt hatten?

So im Augenblick, o Sokrates, weiß ich nicht zu wählen.

Wie aber? Kannst du hier wählen, oder was dünkt dich hiervon: Muss ein wissender Mann, von dem, was er weiß, Rechenschaft geben können, oder nicht?

Ganz notwendig, o Sokrates, sprach er.

Und dünkt dich denn, dass alle Rechenschaft zu geben imstande sind von dem, was wir eben anführten?

Das wünschte ich wohl, sprach Simmias; aber ich fürchte vielmehr, es möchte uns schon morgen hierzulande keiner mehr gefunden werden, der dies gehörig zu tun vermöchte.

Du meinst also nicht, o Simmias, dass alle dieses wissen?

Keineswegs.

Also erinnern sie sich dessen, was sie einst gelernt haben?

Notwendig.

Wann aber hatten unsere Seelen die Erkenntnis davon bekommen? Doch wohl nicht, seitdem wir als Menschen geboren sind?

Nicht füglich.

Früher also?

Ja.

Also waren, o Simmias, die Seelen, auch ehe sie in menschlicher Gestalt waren, ohne Leiber und hatten Einsicht.

Wenn wir nicht etwa bei der Geburt diese Erkenntnisse empfangen, o Sokrates: denn diese Zeit bleibt uns noch übrig.

Gut, o Freund! Aber In welcher andern Zeit verlieren wir sie denn: Denn wir haben sie nicht, wenn wir geboren werden, wie wir eben eingestanden. Oder verlieren wir sie in derselben Zeit, in welcher wir sie auch empfangen: Oder weißt du noch eine andere Zeit anzugeben?

Keineswegs, o Sokrates, sondern ich merkte nur nicht, dass ich nichts sagte.

Verhält es sich nun also nicht so mit uns, sprach er, o Simmias? Wenn das etwas ist, was wir immer im Munde führen, das Schöne und Gute und jegliches Wesen dieser Art, und wenn wir hierauf alles, was uns durch die Sinne kommt, beziehen als auf ein vorher Gehabtes, was wir als das Unsrige wieder auffinden, und wenn wir diese Dinge damit vergleichen, so muss notwendig, ebenso wie dieses ist, so auch unsere Seele sein, auch ehe wir noch geboren worden sind. Wenn aber alles dieses nichts ist, so wäre dann auch diese Rede vergeblich geredet. Verhält es sich wohl so, und ist es die ganz gleiche Notwendigkeit, dass jenes ist, und dass auch unsere Seelen sind auch vor unserer Geburt, und dass, wenn jenes nicht, dann auch nicht dieses?

Über die Maßen, o Sokrates, sprach Simmias, dünkt es mich dieselbe Notwendigkeit zu sein; und an einen sichern Ort rettet sich unser Satz, dahin nämlich, dass unsere Seele auf dieselbe Weise ist, ehe wir noch geboren werden, wie jenes alles, wovon du eben sprachest. Denn ich habe gar nichts, was mir so klar wäre als eben dieses, dass alles dergleichen wahrhaft in dem allerhöchsten Sinne ist, das Schöne. und das Gute und was du sonst eben anführtest; und mir wenigstens genügt der Beweis vollkommen.

Wie aber dem Kebes? sprach Sokrates. Denn wir müssen auch den Kebes überzeugen.

Gewiss auch ihn, sprach Simmias, wie ich glaube, wiewohl er der hartnäckigste Mensch ist im Unglauben an anderer Reden. Allein davon, glaube ich, ist er nun hinreichend überzeugt, dass, ehe wir geboren wurden, unsere Seele war. Ob aber auch, nachdem wir gestorben sind, sie noch sein wird, das scheint auch mir selbst, o Sokrates, noch nicht bewiesen zu sein, sondern es steht noch entgegen, wie auch Kebes eben sagte, jene

Rede der großen Menge, ob nicht, indem der Mensch stirbt, die Seele zerstiebt und auch für sie dieses das Ende des Seins ist. Denn was hindert doch, dass sie zwar anderwärtsher werde und bestehe und sei, auch ehe sie in menschlichen Leib gelangt, dass aber doch, nachdem sie in diesen gelangt ist, wenn sie von ihm getrennt wird, alsdann auch sie selbst endet und untergeht?

Wohlgesprochen, o Simmias, sagte Kebes. Denn es scheint gleichsam die eine Hälfte von dem bewiesen zu sein, was wir brauchen, dass nämlich, ehe wir geboren wurden, unsere Seele war. Aber man muss noch dazu beweisen, dass auch, wenn wir tot sind, sie um nichts weniger sein wird als vor unserer Geburt, wenn der Beweis seine Vollendung bekommen soll.

Es ist doch, o Simmias und Kebes, sprach Sokrates, auch jetzt schon bewiesen, wenn ihr diesen Satz zusammenbringen wollt mit jenem, den wir vorher zugestanden hatten, dass nämlich alles Lebende aus dem Gestorbenen entsteht. Denn wenn die Seele auch vorher schon ist, und wenn sie notwendig, indem sie ins Leben geht und geboren wird, nirgend andersher kommen kann als aus dem Tode und dem Gestorbensein, – wie sollte sie denn nicht notwendig, auch nachdem sie gestorben ist, sein, wenn sie doch wiederum geboren werden soll? Bewiesen also ist dies, wie ich sagte, auch jetzt schon. Dennoch scheint ihr, du und Simmias, gern auch diesen Satz noch weiter durcharbeiten zu wollen und euch zu fürchten wie die Kinder, dass nicht gar buchstäblich der Wind sie, wenn sie aus dem Leibe herausfährt, auseinanderwehe und zerstäube, zumal wenn einer nicht etwa bei Windstille, sondern in recht tüchtigem Sturmwinde stirbt.

Da sagte Kebes lächelnd: So tue denn so, als fürchteten wir

uns, und versuche, uns zu überreden! Lieber jedoch nicht, als ob wir selbst uns fürchteten, sondern vielleicht ist auch in uns ein Kind, welches dergleichen fürchtet. Dieses also wollen wir versuchen zu überzeugen, dass es den Tod nicht fürchten müsse wie ein Gespenst.

Dieses müsst ihr, sprach Sokrates, täglich besprechen, bis ihr es herausbannt.

Woher aber, o Sokrates, sprach er, sollen wir einen tüchtigen Besprecher zu solchen Dingen nehmen, wenn du doch von uns scheidest?

Hellas ist noch groß, o Kebes, sagte er, und treffliche Männer sind darin, und groß sind auch die Geschlechter der Barbaren, die ihr alle durchsuchen müsst, um einen solchen Besprecher zu finden, ohne weder Geld zu scheuen noch Mühe. Denn es gibt wohl nichts, worauf ihr das Geld besser wenden könntet. Aber auch untereinander müsst ihr euch bemühen, denn ihr möchtet auch wohl nicht leicht wen finden, der dies besser als ihr zu tun vermöchte.

Das soll gewiss geschehen, sprach Kebes; von wo wir aber abgegangen sind, dahin lass uns zurückkehren, wenn es dir recht ist!

Mir gar sehr recht; wie sollte es nicht?

Wohlgesprochen, sagte er.

Also ungefähr so, sprach Sokrates, müssen wir uns selbst fragen: Welcherlei Dingen kommt es wohl zu, dies zu erfahren, das Zerstieben, und für welche muss man also fürchten, dass ihnen dieses begegne, welchen aber kommt es nicht zu? Dann müssen wir untersuchen, zu welchen von beiden die Seele gehört, und hieraus und demgemäß entweder Mut fassen oder besorgt sein für unsere Seelen?

Ganz richtig, sagte er.

Und nicht wahr, dem, was man zusammengesetzt hat und was seiner Natur nach zusammengesetzt ist, kommt wohl zu auf dieselbe Weise aufgelöst zu werden, wie es zusammengesetzt worden ist; wenn es aber etwas Unzusammengesetztes gibt, diesem, wenn sonst irgend einem, kommt wohl zu dass ihm dieses nicht begegne?

Das scheint mir sich so zu verhalten, sprach Kebes.

Und nicht wahr, was sich immer gleich verhält und auf einerlei Weise, davon ist wohl am wahrscheinlichsten, dass es das Unzusammengesetzte sei; was aber bald so, bald anders und nimmer auf gleiche Weise, dieses das Zusammengesetzte?

Mir wenigstens scheint es so.

So gehen wir denn, sprach er, zu dem, wovon wir auch vorher sprachen! Jenes Wesen selbst, welchem wir das eigentliche Sein zuschreiben in unsern Fragen und Antworten, verhält sich dies wohl immer auf gleiche Weise, oder bald so, bald anders? Das Gleiche selbst, das Schöne selbst, und so jegliches, was nur ist, selbst, nimmt das wohl jemals auch nur irgend eine Veränderung an? Oder verhält sich nicht jedes dergleichen als ein einartiges Sein an und für sich immer auf gleiche Weise und nimmt niemals auf keine Weise irgendwie eine Veränderung an?

Auf gleiche Weise, sprach Kebes, und einerlei verhält es sich notwendig, o Sokrates.

Wie aber das viele Schöne, wie Menschen, Pferde, Kleider oder sonst irgend etwas dergleichen Schönes oder Gleiches oder sonst einem von jenem Gleichnamiges, − verhalten sich auch diese immer gleich, oder ganz jenem entgegengesetzt, weder mit sich selbst jedes noch untereinander jemals, um es kurz zu sagen, auch nur im mindesten gleich?

Wiederum so, sprach Kebes, scheint mir dieses niemals einerlei sich zu verhalten.

Und diese Dinge, sprach er, kannst du doch anrühren, sehen und mit den andern Sinnen wahrnehmen; aber zu jenen sich Gleichseienden kannst du doch wohl auf keine Weise irgend anders gelangen, als durch das Denken der Seele selbst; sondern unsichtbar sind diese Dinge und werden nicht gesehen?

Auf alle Weise; sagte er, hast du recht.

Sollen wir also, sprach er, zwei Arten der Dinge setzen: sichtbar die eine und die andere unsichtbar?

Das wollen wir, sprach er.

Und die unsichtbare als immer auf gleiche Weise sich verhaltend, die sichtbare aber niemals gleich?

Auch das, sagte er, wollen wir setzen.

Wohlan denn, sprach er, ist nicht von uns selbst das eine Leib und das andere Seele?

Allerdings.

Welcher von jenen beiden Arten nun wollen wir wohl sagen, dass der Leib ähnlicher sei und verwandter?

Das muss ja jedem deutlich sein: dem Sichtbaren.

Wie aber die Seele, ist die unsichtbar oder sichtbar?

Menschen wenigstens ist sie es nicht, o Sokrates, sagte er.

Aber wir sprachen doch von dem Sichtbaren und Unsichtbaren für die Natur der Menschen, oder meinst du für irgend eine andere?

Für die menschliche.

Was sagen wir also von der Seele, dass sie sichtbar sei oder nicht sichtbar?

Nicht sichtbar.

Also unsichtbar?

Ja.

Ähnlicher also als der Leib ist die Seele dem Unsichtbaren, er aber dem Sichtbaren.

Ganz notwendig, o Sokrates.

Und nicht wahr, auch das haben wir schon lange gesagt, dass die Seele, wenn sie sich des Leibes bedient, um etwas zu betrachten, es sei durch das Gesicht oder das Gehör oder irgend einen andern Sinn – denn das heißt vermittelst des Leibes, wenn man vermittelst eines Sinnes etwas betrachtet –, dann von dem Leibe gezogen wird zu dem, was sich niemals auf gleiche Weise verhält, und dass sie dann selbst schwankt und irrt und wie trunken taumelt, weil sie ja eben solches berührt?

Das haben wir gesagt.

Wenn sie aber durch sich selbst betrachtet, dann geht sie zu dem reinen, immer seienden Unsterblichen und sich stets Gleichen, und als diesem verwandt hält sie sich stets zu ihm, wenn sie für sich selbst ist und es ihr vergönnt wird, und dann hat sie Ruhe von ihrem Irren und ist auch in Beziehung auf jenes immer sich selbst gleich, weil sie eben solches berührt, und diesen ihren Zustand nennt man eben die Vernünftigkeit?

Auf alle Weise, o Sokrates, sagte er, ist dies schön und wahr gesagt.

Welcher von beiden Arten also dünkt dich die Seele nach dem Vorherigen und dem Jetztgesagten ähnlicher und verwandter zu sein?

Jeder, sagte er, dünkt mich, o Sokrates, müsste nach dieser Darstellungsweise zugeben, auch der Ungelehrigste, dass doch in allem und jedem die Seele dem sich immer Gleichbleibenden ähnlicher ist als dem, was nicht so ist.

Und wie der Leib?

Dem anderen.

Betrachte es auch von dieser Seite, dass, solange Leib und Seele zusammen sind, die Natur ihm gebietet, zu dienen und sich beherrschen zu lassen, ihr aber, zu herrschen und zu regieren: auch hiernach nun, welches von beiden dünkt dich dem Göttlichen ähnlich zu sein und welches dem Sterblichen? Oder dünkt dich nicht das Göttliche so geartet zu sein, dass es herrscht und regiert, das Sterbliche aber, dass es sich beherrschen lässt und dient?

Das dünkt mich.

Welchem gleicht nun die Seele?

Offenbar, o Sokrates, die Seele dem Göttlichen und der Leib dem Sterblichen.

Sieh nun zu, sprach er, o Kebes, ob aus allem Gesagten uns dieses hervorgeht, dass dem Göttlichen, Unsterblichen, Vernünftigen, Eingestaltigen, Unauflöslichen und immer einerlei und sich selbst gleich sich Verhaltenden am ähnlichsten ist die Seele, dem Menschlichen und Sterblichen und Unvernünftigen und Vielgestaltigen und Auflöslichen und nie einerlei und sich selbst Gleichbleibenden wiederum der Leib am ähnlichsten ist? Oder wissen wir hiergegen noch etwas anderes zu sagen, lieber Kebes, dass es sich nicht so verhalte?

Wir wissen nichts dergleichen.

Wie nun? Wenn sich dieses so verhält, kommt nicht dem Leibe wohl zu, leicht aufgelöst zu werden, der Seele hingegen, ganz und gar unauflöslich zu sein oder wenigstens beinahe so?

Wie sollte es nicht?

Und du bemerkst doch, sprach er, dass, wenn der Mensch stirbt, auch seinem Sichtbaren, dem Leibe, der noch im Sicht-

baren daliegt, den wir Leichnam nennen, und dem es zu-
kommt, aufgelöst zu werden und zu zerfallen und verweht zu
werden, nicht gleich etwas hiervon widerfährt, sondern dass er
noch eine ganz geraume Zeit so bleibt, und wenn einer bei
günstiger Leibesbeschaffenheit stirbt und zu eben solcher Zeit,
dann gar lange. Und wenn der Leib zusammengefallen ist und
getrocknet, wie sie in Ägypten aufgetrocknet werden, so hält
er sich fast undenkliche Zeit. Ja, einige Teile des Leibes, wie
Knochen, Sehnen und alle dergleichen, sind, wenn er auch
schon verfault ist, sozusagen doch fast unsterblich. Oder nicht?
Ja.

Und die Seele also, das Unsichtbare und sich an einen andern
eben solchen Ort Begebende, der edel und rein und unsichtbar
ist, nämlich in die wahre Geisterwelt zu dem guten und weisen
Gott, wohin, wenn Gott will, alsbald auch meine Seele zu gehen hat, – diese, die so beschaffen und geartet ist, sollte, wenn
sie von dem Leibe getrennt ist, sogleich verweht und untergegangen sein, wie die meisten Menschen sagen? Daran fehlt
wohl viel, ihr lieben Kebes und Simmias! Sondern vielmehr
verhält es sich so, wenn sie sich rein losmacht und nichts von
dem Leibe mit sich zieht, weil sie mit gutem Willen nichts mit
ihm gemein hatte im Leben, sondern ihn floh und in sich selbst
gesammelt blieb und dies immer im Sinn hatte, was nichts
anders heißen will, als dass sie recht philosophierte und darauf
dachte, leicht zu sterben; oder hieß dies nicht auf den Tod be-
dacht sein?

Allerdings ja.

Also welche sich so verhält, die geht zu dem ihr Ähnlichen,
dem Unsichtbaren, und zu dem Göttlichen, Unsterblichen,
Vernünftigen, wohin gelangt ihr dann zuteil wird glückselig zu

sein, von Irrtum und Unwissenheit, Furcht und wilder Liebe und allen andern menschlichen Übeln befreit, indem sie, wie es bei den Eingeweihten heißt, wahrhaft die übrige Zeit mit Göttern lebt. Wollen wir so sagen, o Kebes, oder anders?

So, beim Zeus, sprach Kebes.

Wenn sie aber, meine ich, befleckt und unrein von dem Leibe scheidet, weil sie eben immer mit dem Leibe verkehrt und ihn gepflegt und geliebt hat und von ihm bezaubert gewesen ist und von den Lüsten und Begierden, so dass sie auch glaubte, es sei überhaupt gar nichts anderes wahr als das Körperliche, was man betastet und sieht, isst und trinkt und zur Liebe gebraucht, und weil sie das für die Augen Dunkle und Unsichtbare, der Vernunft hingegen Fassliche und mit Wahrheitsliebe zu Ergreifende gewohnt gewesen ist zu hassen und zu scheuen und zu fürchten, – meinst du, dass eine so beschaffene Seele sich werde rein für sich absondern können?

Wohl nicht im mindesten, sprach er.

Sondern durchzogen von dem Körperlichen, womit sie durch den Umgang und Verkehr mit dem Leibe, wegen des ununterbrochenen Zusammenseins und der vielen Sorge um ihn, gleichsam zusammengewachsen ist?

Freilich.

Und dies, o Freund, muss man doch glauben, sei unbeholfen und schwerfällig, irdisch und sichtbar, so dass auch die Seele, die es an sich hat, schwerfällig ist und wieder zurückgezogen wird in die sichtbare Gegend aus Furcht vor dem Unsichtbaren und der Geisterwelt, wie man sagt, an den Denkmälern und Gräbern umherschleichend, an denen daher auch allerlei dunkle Erscheinungen von Seelen gesehen worden sind, wie denn solche Seelen wohl Schattenbilder darstellen müssen, welche

nicht rein abgelöst sind, sondern noch teil haben an dem Sichtbaren, weshalb sie denn auch gesehen werden.

Das leuchtet wohl ein, o Sokrates.

Und freilich leuchtet auch ein, o Kebes, dass dies nicht die
Seelen der Guten sind, sondern die der Schlechten, welche um
dergleichen gezwungen sind herumzuirren, Strafe leidend für
ihre frühere Lebensweise, welche schlecht war. Und so lange
irren sie, bis sie durch die Begierde des sie noch begleitenden
Körperlichen wieder gebunden werden in einen Leib. Und
natürlich werden sie in einen von solchen Sitten gebunden,
deren sie sich befleißigt hatten im Leben.

Was meinst du für welche, o Sokrates?

Z.B. die sich ohne alle Scheu der Völlerei und des Übermuts
und Trunkes befleißigten, solche begeben sich wohl natürlich
in Esel und ähnliche Arten von Tieren. Oder meinst du nicht?

Das ist ganz wahrscheinlich.

Die aber Ungerechtigkeit, Herrschsucht und Raub vorzogen,
diese dagegen in die verschiedenen Geschlechter der Wölfe,
Habichte und Geier? Oder wohin anders sollen wir sagen, dass
solche gehen?

Ohne weiteres, sprach Kebes, in dergleichen.

Und gewiss so doch auch mit den übrigen, dass jegliche der
Ähnlichkeit mit ihren Bestrebungen nachgeht?

Gewiss, wie sollte sie nicht?

Also, sprach er, sind auch wohl die glücklichsten unter diesen
und kommen an den besten Ort diejenigen, welche der gemei-
nen und bürgerlichen Tugend nachgestrebt haben, die man
doch auch Besonnenheit und Gerechtigkeit nennt, die aber nur
aus Gewöhnung und Übung entsteht ohne Philosophie und
Vernunft?

Inwiefern sind diese die Glückseligsten?

Weil doch natürlich ist, dass diese wiederum in eine solche gesellige und zahme Gattung gehen, etwa in Bienen oder Wespen oder Ameisen, oder auch wieder in diese menschliche Gattung, und wieder ganz leidliche Männer aus ihnen werden.

Das ist natürlich.

In der Götter Geschlecht ist wohl keinem, der nicht philosophiert hat und vollkommen rein abgeschieden ist, vergönnt zu gelangen, sondern nur dem Lernbegierigen. Eben deshalb nun, o lieber Simmias und Kebes, enthalten sich die wahrhaften Philosophen aller von dem Leibe herrührenden Begierden und harren aus und geben sich ihnen nicht hin; − nicht etwa, weil sie Verderb des Hauswesens und Armut fürchten wie die meisten Geldsüchtigen, auch nicht, weil sie die Ehrlosigkeit und Schmach der Trägheit scheuen wie die Herrschsüchtigen und Ehrsüchtigen, enthalten sie sich ihrer.

Das würde sich auch für sie nicht ziemen, o Sokrates, sprach Kebes.

Freilich nicht, beim Zeus, sagte er. Darum sagen auch allen solchen, o Kebes, jene alle, die irgend für ihre Seele Sorge tragen und nicht für der Leiber Bildung und Bedienung leben, Fahrewohl und gehen nicht gleichen Schritt mit ihnen, die ja nicht wissen, wohin sie gehen. Sie selbst aber, feststellend, dass sie nichts tun dürfen, was der Philosophie zuwider wäre und der Erlösung und Reinigung durch sie, wenden sich dorthin, jener folgend, wie sie führt.

Wie das, o Sokrates?

Das will ich dir sagen, sprach er. Es erkennen nämlich die Lernbegierigen, dass die Philosophie, indem sie ihre Seele findet, ordentlich gebunden im Leibe und ihm anklebend, und

gezwungen wie durch ein Gitter durch ihn das Sein zu betrachten, nicht aber für sich allein, und daher in aller Torheit sich
umherwälzend, und indem sie die Gewalt dieses Kerkers erkennt, wie er ordentlich eine Lust ist, so dass der Gebundene
selbst am meisten immer mit angreift, um gebunden zu werden; wie ich nun sage, die Lernbegierigen erkennen, dass, indem die Philosophie in solcher Beschaffenheit ihre Seele annimmt, sie ihr gelinde zuspricht und versucht, sie zu erlösen,
indem sie zeigt, dass alle Betrachtung durch die Augen voll
Betrug ist, voll Betrug auch die durch die Ohren und die übrigen Sinne, und deshalb sie überredet, sich von diesen zurück-
zuziehen, soweit es nicht notwendig ist, sich ihrer zu bedienen,
und sie ermuntert, sich vielmehr in sich selbst zu sammeln und
zusammenzuhalten und nichts anderem zu glauben als wiederum sich selbst, was sie für sich selbst von den Dingen an und
für sich anschaut; was sie aber vermittelst eines anderen betrachtet, dieses, weil es in jeglichem anderen wieder ein anderes wird, für nichts Wahres zu halten, und solches sei ja eben
das Wahrnehmbare und Sichtbare, was sie aber selbst sieht, sei
das Denkbare und Unsichtbare. Dieser Befreiung nun glaubt
nicht widerstreben zu dürfen des wahrhaften Philosophen Seele und enthält sich deshalb der Lust und Begierde, der Unlust
und Furcht, soviel sie kann, indem sie bedenkt, dass, wenn
jemand sehr heftig sich freut oder fürchtet, trauert oder be-
gehrt, er nie ein so großes Übel hiervon erleidet, als er wohl
glaubt, wenn er z.B. etwa erkrankt ist oder einen Verlust erlit-
ten hat seiner Begierden wegen, was aber das größte und äußerste aller Übel ist, dieses wirklich erleidet und es nicht in
Rechnung bringt.
Welches ist doch dieses, o Sokrates, sprach Kebes.

Dass nämlich jedes Menschen Seele, sobald sie über irgend etwas sich heftig erfreut oder betrübt, auch genötigt ist, von demjenigen, womit ihr dieses begegnet, zu glauben, es sei das Wirksamste und das Wahrste, da sich dies doch nicht so verhält. Und dies sind doch am meisten die sichtbaren Dinge, oder nicht?

Freilich.

In diesem Zustande also wird am meisten die Seele von dem Leibe gebunden?

Wieso?

Weil jegliche Lust und Unlust gleichsam einen Nagel hat und sie an den Leib annagelt und anheftet und sie leibartig macht, wenn sie doch glaubt, dass das wahr sei, was auch der Leib dafür aussagt. Denn dadurch, dass sie gleiche Meinung hat mit dem Leibe und sich an dem nämlichen erfreut, wird sie, denke ich, genötigt, auch gleicher Sitte und gleicher Nahrung wie er teilhaftig zu werden, so dass sie nimmermehr rein in die Unterwelt kommen kann, sondern immer des Leibes voll von hinnen geht; daher sie auch bald wiederum in einen andern Leib fällt und wie hingesäet sich einwurzelt und daher unteilhaftig bleibt des Umganges mit dem Göttlichen und Reinen und Eingestaltigen.

Vollkommen wahr ist, was du sagst, o Sokrates, sprach Kebes.

Dieser Ursachen wegen also, o Kebes, sind die wahrhaft Lernbegierigen sittsam und tapfer, und nicht weshalb die Leute sagen. Oder meinst du?

Nein, ich gewiss nicht.

Es geht auch nicht anders, als dass die Seele eines philosophischen Mannes so rechnet und nicht glauben kann, sie müsse sich zwar von der Philosophie erlösen lassen, nachdem diese

sie aber erlöset, sich selbst wiederum der Lust und Unlust hin-
geben, um sich wieder festbinden und die vorige Arbeit vergeblich machen zu lassen, als wolle sie das Gegenstück treiben
zu der Penelope Weberei; sondern Ruhe von dem allem sich
verschaffend, der Vernunft folgend und immer darin verhar-
rend, dass sie das Wahre und Göttliche und der Meinung nicht
Unterworfene anschaut und sich davon nährt, glaubt sie, solange sie lebt, so leben zu müssen, nach dem Tode aber zu
dem Verwandten und zu ebensolchem zu gelangen und dann
von allen menschlichen Übeln erlöst zu werden. Hat sie sich so
genährt, so ist wohl kein Wunder, wenn sie nicht fürchtet, ob
sie nicht doch nach solchen Bestrebungen bei der Trennung
von dem Leibe zerrissen, von ich weiß nicht welchen Winden
verweht und zerstäubt umkommen und nirgend mehr sein
werde.

Eine Stille entstand nun, nachdem Sokrates dieses gesagt, auf
lange Zeit, und er selbst, Sokrates, war ganz in das Vorgetra-
gene vertieft, wie man ihm ansehn konnte, und auch die meisten von uns. Kebes und Simmias aber sprachen ein weniges
miteinander. Da sah sie Sokrates an und fragte: Wie? Euch
dünkt doch nicht etwa das Gesagte noch mangelhaft gesagt zu
sein? Denn es gibt wohl noch viel Bedenken und Einwendun-
gen dabei, wenn einer es ganz genau durchnehmen will. Hattet
ihr nun etwas anderes untereinander, so will ich nichts gesagt
haben; wenn ihr aber noch hierüber zweifeltet, so tragt nur ja
kein Bedenken, es entweder allein zu sagen und anzuführen,
wenn ihr glaubt, dass es so besser werde vorgetragen werden,
oder auch mich mit dazu zu nehmen, wenn ihr meinet, mit mir
besser zu fahren!

Da sagte Simmias: Ich will dir die Wahrheit sagen, Sokrates.

Wir beide haben schon lange zweifelnd einander angestoßen und aufgemuntert, zu fragen, weil wir zwar gern hören möchten, aber doch Bedenken tragen, dir Unruhe zu machen, dass es dir nicht etwa zuwider wäre bei dem jetzigen Unglück. Als er dies hörte, sagte er mit sanftem Lächeln: O weh, Simmias! Wahrlich, gar schwer werde ich die übrigen Menschen überzeugen, dass ich das jetzige Geschick für kein Unglück halte, da ich nicht einmal euch überzeugen kann, sondern ihr fürchtet, ich möchte jetzt unbequemer sein als sonst im Leben. Und wie es scheint, haltet ihr mich in der Wahrsagung für schlechter als die Schwäne, welche, wenn sie merken, dass sie sterben sollen, wie sie schon sonst immer gesungen haben, dann am meisten und vorzüglich singen, weil sie sich freuen, dass sie zu dem Gotte gehen sollen, dessen Diener sie sind. Die Menschen aber, wegen ihrer eigenen Furcht vor dem Tode, lügen auch auf die Schwäne und sagen, dass sie, über den Tod jammernd, aus Traurigkeit sängen, ohne zu bedenken, dass kein Vogel singt, wenn ihn hungert oder friert oder ihm sonst irgend etwas fehlt, auch nicht einmal die Nachtigall selbst oder die Schwalbe und der Wiedehopf, von denen sie sagen, dass sie aus Unlust klagend singen; aber weder diese, glaube ich, singen aus Traurigkeit noch die Schwäne; sondern weil sie, meine ich, dem Apollon angehören, sind sie wahrsagerisch; und da sie das Gute in der Unterwelt voraus erkennen, so singen sie und sind fröhlich an jenem Tage vorzugsweise und mehr als sonst vorher. Ich halte aber auch mich dafür, ein Dienerschaftsgenoß der Schwäne zu sein und demselben Gotte heilig und nicht schlechter als sie das Wahrsagen zu haben von meinem Gebieter, also auch nicht unmutiger als sie aus dem Leben zu scheiden. Also deshalb mögt ihr immer sagen und fragen, was ihr wollt, solange die elf Männer der Athener es gestatten.

Sehr schön, sagte Simmias; also will ich dir sagen, was für Zweifel ich habe, und dann auch dieser, wiefern er das Gesagte nicht annimmt. Denn ich denke über diese Dinge, o Sokrates, ungefähr wie du: dass etwas Sicheres davon zu wissen in diesem Leben entweder unmöglich ist oder doch gar schwer; dass aber, was darüber gesagt wird, nicht auf alle Weise zu prüfen, ohne eher abzulassen, bis einer ganz ermüdet wäre vom Untersuchen nach allen Seiten, einen gar weichlichen Menschen verrät. Denn eines muss man doch in diesen Dingen erreichen: entweder lernen oder erfinden, wie es damit steht, oder, wenn dies unmöglich ist, die beste und unwiderleglichste der menschlichen Meinungen darüber nehmen und darauf wie auf einem Brette versuchen, durch das Leben zu schwimmen, wenn einer nicht sicherer und gefahrloser auf einem festeren Fahrzeuge oder einer göttlichen Rede reisen kann. So will denn auch ich jetzt mich nicht schämen, zu fragen, da ja auch du dasselbe sagst, und nicht hernach mir selbst Vorwürfe zu machen haben, dass ich jetzt nicht gesagt habe, was ich denke. Mir nämlich, o Sokrates, sowohl wenn ich bei mir selbst als wenn ich mit diesem das Gesagte betrachte, erscheint es gar nicht gründlich genug.

Darauf sagte Sokrates: Vielleicht, o Freund, erscheint es dir ganz recht; aber sage nur, wiefern nicht gründlich?

Insofern, sprach er, als auch von der Harmonie und der Leier und den Saiten einer ganz auf dieselbe Weise reden könnte, dass nämlich die Harmonie etwas Unsichtbares und Unkörperliches und gar Schönes und Göttliches ist an der gestimmten Leier, die Leier selbst aber und die Saiten Körper sind und

Körperliches und zusammengesetzt und irdisch und dem Sterblichen verwandt. Wenn nun einer die Leier zerbräche oder die Saiten zerschnitte oder zerrisse, so könnte einer mit derselben Rede wie du fest behaupten, jene Harmonie müsse notwendig noch dasein und nicht untergegangen. Denn es wäre doch keine Möglichkeit, dass die Leier noch dasein sollte, nachdem die Saiten zerrissen wären, und die Saiten selbst, die doch dem Sterblichen ähnlich sind, die Harmonie aber sollte untergegangen sein, die doch dem Göttlichen und Unsterblichen gleichartig und verwandt ist, und zwar noch vor dem Sterblichen; sondern, würde er sagen, notwendig muss die Harmonie noch irgendwo sein, und eher werden die Hölzer verfaulen und die Saiten, als jener etwas begegnen wird. Nun aber glaube ich, o Sokrates, du selbst wirst auch dies schon erwogen haben, dass wir uns die Seele als so etwas vorzüglich vorstellen, wenn doch unser Leib eingespannt ist und zusammengehalten von Warmem und Kaltem, Trockenem und Feuchtem und dergleichen Dingen, dass unsere Seele die Mischung und Harmonie eben dieser Dinge sei, wenn sie schön und im rechten Verhältnis gegeneinander gemischt sind. Ist nun die Seele eine Harmonie, so ist offenbar, dass, wenn unser Leib unverhältnismäßig erschlafft oder angespannt wird von Krankheiten und anderen Übeln, die Seele dann notwendig sogleich umkommt, obgleich sie das Göttlichste ist, eben wie alle andern Harmonien in Tönen und in allen Werken der Künstler, die Überreste eines jeden Leibes aber noch lange Zeit bleiben, bis sie verbrannt werden oder verwesen. Sieh nun zu, was wir gegen diese Rede sagen wollen, wenn jemand behauptet, dass die Seele als die Mischung alles zum Leibe Gehörigen in dem, was wir Tod nennen, zuerst untergehe!

Da sah sich Sokrates um, wie er oftmals tat, und sagte lächelnd: Simmias hat ganz recht gesprochen. Wenn nun einer besseren Rat weiß als ich, warum antwortet er nicht? Denn er hat die Sache gewiss gar nicht schlecht angegriffen. Doch mich dünkt, ehe wir antworten, müssen wir erst auch den Kebes hören, was der wieder unserer Rede schuld gibt, damit wir Zeit gewinnen und uns beraten können, was wir sagen wollen, und dann, wenn wir sie angehört haben, ihnen entweder einräumen, wenn sie etwas Ordentliches scheinen angestimmt zu haben, oder wenn nicht, dann schon unsere Rede verfechten. Also, sagte er, sprich, o Kebes, was denn dich beunruhigt hat, dass du nicht glauben kannst?

Ich will es also sagen, sprach Kebes. Mir scheint nämlich unsere Rede noch immer auf demselben Fleck zu sein und an demselben Mangel, dessen wir schon vorher erwähnten, auch jetzt noch zu leiden. Denn dass unsere Seele schon war, ehe sie in diese Gestalt kam, – das will ich nicht zurücknehmen, dass dies nicht sehr artig und, wenn es nicht anmaßend ist zu sagen, ganz befriedigend bewiesen wäre; dass sie aber auch noch, wenn wir tot sind, irgendwo sei, dies scheint mir nicht ebenso. Dass freilich die Seele nicht stärker und dauerhafter sein sollte als der Leib, dies gebe ich der Einwendung des Simmias nicht nach: denn in diesem allen scheint sie mir sich gar weit zu unterscheiden. »Warum also«, könnte die Rede wohl sagen, »bist du noch ungläubig, wenn du doch siehst, dass nach des Menschen Tode das Schwächere noch ist? Dünkt dich dann nicht, dass das Dauerhaftere sich gewiss noch erhalten müsse in eben dieser Zeit?« Dagegen nun überlege, ob ich hiermit etwas sage: Denn eines Bildes bedarf ich freilich auch, wie es scheint, ebensogut als Simmias. Mich dünkt nämlich dies gerade ebenso gesagt, wie wenn jemand von einem alten Weber, der gestorben wäre, diese Rede führen wollte: »Der Mensch ist nicht umgekommen, sondern ist gewiss noch irgendwo«, und zum Beweise dafür wollte er das Kleid anführen, was er anhatte und selbst gewebt hatte, dass das doch noch wohlbehalten wäre und nicht umgekommen; und wenn ihm einer nicht glauben wollte, er diesen dann fragte, was wohl seiner Natur nach dauerhafter wäre, ein Mensch oder ein Kleid, wenn es nämlich im Gebrauch wäre und getragen würde, und wenn der dann antworten müsste: »der Mensch bei weitem«, jener dann glaubte bewiesen zu haben, der Mensch also müsse wohl ganz gewiss wohlbehalten sein, da ja das Vergänglichere nicht untergegangen wäre. Ich denke aber, o Simmias, das verhält sich nicht so. Sieh aber auch du zu, was ich meine! Denn jeder würde wohl der Meinung sein, dass das einfältig gesagt wäre, wenn es jemand sagen sollte. Denn dieser Weber hat schon gar viele solche Kleider verbraucht und gewebt und ist zwar später umgekommen als jene vielen, aber doch eher als das letzte, denke ich; und deshalb ist doch wohl ein Mensch immer nicht schlechter oder vergänglicher als ein Kleid. Und dieses selbige Bild, meine ich, lässt sich anwenden auf Seele und Leib; und wer eben dasselbe sagte von diesen, würde mir scheinen verständig zu reden, dass nämlich die Seele zwar dauerhafter ist und der Leib schwächer und vergänglicher; doch aber, würde er hinzusetzen, verbrauche ja jede Seele viele Leiber, zumal wenn sie viele Jahre lebe. Denn wenn der Leib immer im Fluss ist und vergeht, solange der Mensch lebt, die Seele aber das Verbrauchte immer wieder webt, so muss ja die Seele wohl, wenn sie umkommt, diese ihre letzte Bekleidung noch haben und eher freilich nur als diese einzige umkommen; und erst wenn die Seele umgekommen ist, kann dann der Leib die Natur seiner Schwachheit beweisen, indem er schnell durch Fäulnis vergeht. So dass man also diesem Satz noch nicht zuverlässig trauen darf, dass, wenn wir tot sind, unsere Seele noch irgendwo ist. Denn wenn jemand auch dem, der deine Behauptung vorträgt, noch mehr einräumen wollte und zugeben, unsere Seele sei nicht nur in der Zeit vor unserer Geburt gewesen, sondern es hindere auch nichts, dass nicht auch nach dem Tode die Seelen einiger noch wären und sein würden und noch oft würden geboren werden und wieder sterben − denn so stark sei sie von Natur, dass sie dieses gar viel mal aushalten könne −; nur aber, indem er dieses zugäbe, nicht auch noch jenes einräumte, dass sie in diesen vielen Geburten gar nicht von Kräften komme und auch am Ende nicht in einem von diesen Toden gänzlich untergehe, sondern sagte: Diesen Tod aber und diese Auflösung des Leibes, welche der Seele den Untergang bringt, wisse nur keiner, denn es sei unmöglich, dass irgend einer von uns ihn fühle; wenn sich nun dieses so verhält, so kann doch von keinem, der über den Tod guten Mutes ist, gesagt werden, dass er nicht auf eine unverständige Weise mutig sei, wenn er nicht zu beweisen vermag, dass die Seele ganz und gar unsterblich und unvergänglich ist; wo nicht, so muss jeder, der im Begriff ist zu sterben, für seine eigene Seele in Sorgen sein, ob sie nicht gerade in dieser Trennung von dem Leibe ganz und gar untergehn werde.

Alle nun, als wir sie beide dieses hatten sagen hören, waren wir, wie wir uns hernach gestanden, auf unangenehme Weise verstimmt, weil sie uns, die wir durch die vorigen Reden stark überzeugt waren, wieder unruhig zu machen und in Ungewissheit zurückzuwerfen schienen, nicht nur über das bereits Gesagte, sondern auch wegen dessen, was nun noch würde gesagt werden, ob nicht wir ganz untaugliche Richter wären oder ob auch die Sache selbst gar nicht zu entscheiden sei.

Echekrates: Bei den Göttern, o Phaidon, ich verzeihe euch das. Denn auch ich, da ich dies jetzt von dir gehört, habe so zu mir gesprochen: Welcher Rede soll man nun wohl noch glauben? Denn die so sehr glaubliche, welche Sokrates vorgetragen, ist nun doch um allen Glauben gekommen. Denn gar wunderbar ergreift mich dieser Satz schon jetzt und immer, dass unsere Seele eine Art Harmonie ist; und wie er jetzt ausgesagt worden, hat er mir in Erinnerung gebracht, dass auch mir das vorher schon so vorgekommen war. Und so bedarf ich nun wieder wie anfangs einer andern Rede, um mich zu überzeugen, dass mit dem Sterbenden die Seele nicht mitstirbt. Sage nun, beim Zeus, wie Sokrates dieses verfolgt hat, und ob auch ihm, wie du von euch sagst, etwas Verdrießliches anzumerken war oder nicht, sondern ob er seinen Satz ruhig verteidigte, und ob er es befriedigend getan hat oder unzureichend? Dies alles berichte uns so genau als möglich!

Phaidon: Gewiss, o Echekrates, wie oft ich auch schon den Sokrates bewundert hatte, nie doch war ich mehr von ihm eingenommen als damals. Denn dass er etwas zu erwidern wusste, ist wohl nichts Besonderes; aber ich bewunderte ihn zuerst vorzüglich deswegen, wie freundlich und sanft und beifällig er die Reden der jungen Männer aufnahm, dann, wie scharf er bemerkte, was sie auf uns gewirkt hatten, und wie gut er uns heilte und gleichsam wie Flüchtlinge und Geschlagene zurückrief und uns zusprach, ihm zu folgen und die Rede mit ihm zu erwägen.

Echekrates: Wie also?

Phaidon: Das will ich dir sagen.

Ich saß nämlich zu seiner Rechten neben dem Bett auf einem Bänkchen, er aber saß weit höher als ich. Nun strich er mir über den Kopf, fasste die Haare im Nacken zusammen, denn er pflegte wohl oft in meinen Haaren zu spielen, und sagte:

Morgen also, o Phaidon, wirst du wohl diese schönen Locken abscheren?

So sieht es wohl aus, o Sokrates, sprach ich.

Nicht doch, wenn du mir folgst.

Was denn? fragte ich.

Heute noch, sagte er, wollen wir ich meine und du diese abscheren, wenn uns nämlich die Rede stirbt und wir sie nicht wieder ins Leben rufen können. Und wenn ich du wäre und mir diese Rede abhanden käme, wollte ich, wie die Argeier, einen Eid darauf ablegen, nicht eher das Haar wachsen zu lassen, bis ich in ehrlichem Kampfe die Rede des Simmias und Kebes besiegt hätte.

Aber, sagte ich, mit zweien kann es ja auch Herakles nicht aufnehmen.

So rufe denn mich herbei, sprach er, als deinen Iolaos, solange es noch Tag ist!

Das tue ich denn, sagte ich, aber nicht als Herakles, sondern wie Iolaos den Herakles.

Das ist gleichviel, sagte er. Aber dass wir uns ja zuerst hüten, dass uns nicht etwas Gewisses begegne!

Was doch? fragte ich.

Dass wir ja nicht Redefeinde werden, sprach er, wie andere wohl Menschenfeinde! Denn unmöglich, sagte er, kann einem etwas Ärgeres begegnen, als wenn er Reden hasst. Und die Redefeindschaft entsteht ganz auf dieselbe Weise wie die

Menschenfeindschaft: Nämlich die Menschenfeindschaft entsteht, wenn man einem auf kunstlose Weise zu sehr vertraut und einen Menschen für durchaus wahr, gesund und zuverlässig gehalten hat, bald darauf aber ihn als schlecht und unzuverlässig erfindet und dann wieder einen, − und wenn einem das öfter begegnet und bei solchen, die man für die vertrautesten und besten Freunde hält, so hasst man denn endlich, wenn man immer wieder Unglück hat, alle und glaubt, dass an keinem überhaupt irgend etwas Gesundes ist. Oder hast du nicht bemerkt, dass das so zu gehen pflegt?

Jawohl, sagte ich.

Ist das nun nicht, sprach er, schändlich, und ist nicht offenbar, dass ein solcher sich ohne die Kunst, die sich auf Menschen versteht, an den Umgang mit den Menschen wagt? Denn wenn er dieser Kunst gemäß mit ihnen umginge, so würde er, wie es sich in der Tat verhält, so auch glauben, dass es der sehr guten und sehr schlechten beider immer nur wenige gibt, der mittelmäßigen aber am meisten.

Wie meinst du das? sprach ich.

Geradeso, sagte er, wie mit dem sehr Großen und sehr Kleinen: glaubst du, dass es etwas Selteneres gibt, als einen ganz ausgezeichnet großen oder ausgezeichnet kleinen Menschen oder Hund oder sonst etwas zu finden? Und ebenso mit schnell und langsam, hässlich und schön, weiß und schwarz? Oder hast du nicht gemerkt, dass von alledem das Äußerste selten vorkommt und wenig, das Mittlere aber unendlich häufig?

Freilich, sprach ich.

Und meinst du nicht, sagte er, wenn ein Wettstreit der Schlechtigkeit angestellt würde, dass auch da nur sehr wenige sich als die ersten zeigen würden?

Natürlich, sagte ich.

Freilich natürlich, sprach er; aber darin sind eigentlich die Reden nicht den Menschen ähnlich – sondern nur weil du führtest, bin ich dir hierher gefolgt –, wohl aber darin, dass, wenn jemand einer Rede getraut hat, dass sie wahr sei, ohne die Kunst, welche sich auf Reden versteht, und wenn sie ihm dann bald darauf wieder falsch vorkommt, manchmal mit Recht, manchmal mit Unrecht, und so wieder eine und eine andere, und vorzüglich gilt das, wie du wohl weißt, von denen, die sich mit Streitreden abgeben, – dass sie am Ende glauben, ganz weise geworden und allein zu der Einsicht gelangt zu sein, dass nicht nur an keinem Dinge irgend etwas Gesundes und Richtiges ist, sondern auch an den Reden nicht, dass vielmehr alles sich ordentlich wie im Euripos von oben nach unten dreht und keine Zeitlang bei etwas bleibt.

Vollkommen richtig, sprach ich, redest du.

Und, o Phaidon, wäre das nun nicht ein Jammer, wenn es doch wirklich wahre und sichere Reden gäbe und die man auch einsehen könnte, wenn einer, weil er auf solche Reden stößt, die ihm bald wahr zu sein scheinen, bald wieder nicht, sich selbst nicht die Schuld geben wollte und seiner Kunstlosigkeit, sondern am Ende aus Missmut die Schuld gern von sich selbst auf die Reden hinwälzte und dann sein übriges Leben in Hass und Schmähungen gegen alle Reden hinbrächte und so der Wahrheit und Erkenntnis der Dinge verlustig ginge?

Beim Zeus, sagte ich, ein großer Jammer.

So lass uns denn, sprach er, zuerst davor uns hüten und dem in unserer Seele keinen Eingang verstatten, als ob an allen Reden am Ende wohl gar nichts Tüchtiges wäre; sondern vielmehr bedenken, dass wir nur noch nicht recht tüchtig sind, aber tapfer sein und trachten müssen, tüchtig zu werden, du und die übrigen des ganzen künftigen Lebens wegen, ich aber eben des Todes wegen. So dass ich vielleicht gar jetzt nicht sonderlich philosophisch mich in dieser Sache verhalte, sondern wie die ganz Ungebildeten rechthaberisch. Denn auch diese, wenn sie über etwas streiten, kümmern sich nicht darum, wie sich das wohl eigentlich verhält, wovon die Rede ist, sondern nur, dass den Anwesenden das annehmlich erscheine, was sie selbst festgestellt haben, danach trachten sie. Und ich scheine gegenwärtig nur so viel mich von ihnen zu unterscheiden, dass ich nicht danach trachten will, dass den Anwesenden das, was ich behaupte, wahr erscheine, außer beiläufig, sondern dass es mir selbst nur recht gewiss sich so zu verhalten scheine. Ich berechne nämlich, lieber Freund, (und siehe nur, wie eigennützig!):

Wenn das wahr ist, was ich behaupte, ist es doch vortrefflich, davon überzeugt zu sein; wenn es aber für die Toten nichts mehr gibt, werde ich doch wenigstens diese Zeit noch vor dem Tode den Anwesenden weniger unangenehm sein durch Klagen; dieser mein Irrtum dauert aber nicht mit aus, denn das wäre ein Übel, sondern wird in kurzem untergehn. So gerüstet also, sprach er, o Simmias und Kebes, mache ich mich an die Rede. Ihr aber, wenn ihr mir folgen wollt, kümmert euch wenig um den Sokrates, sondern weit mehr um die Wahrheit, und wenn ich euch dünke etwas Richtiges zu sagen, so stimmt mir bei; wenn aber nicht, so widerstrebt mir auf alle Weise, damit ich nicht, im Eifer mich und euch zugleich betrügend, euch wie eine Biene den Stachel zurücklassend davongehe!

Wohlan denn, fuhr er fort, erinnert mich zuerst, was ihr sagtet, wenn ihr vielleicht findet, dass ich es nicht recht behalten habe! Simmias, denke ich, ist ungewiss und fürchtet, die Seele möchte, obwohl etwas Göttlicheres und Schöneres als der Leib, doch vor ihm untergehen, indem sie ihrer Natur nach eine Harmonie sei. Kebes aber schien dieses zwar mir zuzugeben, dass die Seele ja dauerhafter sei als der Leib; aber das könne doch niemand wissen, ob nicht die Seele, wenn sie nun viele Leiber oft verbraucht hat, den letzten Leib doch zurücklässt und nun selbst umkommt und dieses dann eben der Tod ist, der Untergang der Seele, denn der Leib geht ja doch immer unter ohne Aufhören. Ist es dieses, o Simmias und Kebes, was wir jetzt zu betrachten haben?

Sie gaben beide zu, dieses sei es.

Und die vorigen Reden, sprach er, nehmt ihr die alle nicht an, oder einige zwar, andere aber nicht?

Einige wohl, sprachen sie, andere aber nicht.

Was sagt ihr also von jener Rede, sprach er, in welcher wir behaupteten, alles Lernen sei Erinnerung, und wenn sich dies so verhalte, müsse notwendig unsere Seele anderswo vorher sein, ehe sie an den Leib gebunden worden?

Ich meinesteils, sprach Kebes, war damals wunderbar überzeugt davon und bleibe auch jetzt dabei wie bei nichts anderem. Und mir, sagte Simmias, geht es ebenso, und es sollte mich wundern, wenn ich jemals hierüber anders dächte.

Aber du musst doch anders denken, o Freund aus Theben, sprach Sokrates, wenn nämlich jene Meinung bestehen soll, dass eine Harmonie ein zusammengesetztes Ding ist, und dass die Seele als eine Harmonie aus dem, was in dem Leibe unter sich gespannt ist, bestehe. Denn du wirst doch nicht sagen wollen, die Harmonie sei eher vorhanden, als dasjenige da ist, woraus sie hervorgehen muss, oder willst du das?

Keineswegs, o Sokrates, sagte er.

Merkst du nun aber wohl, sagte er, dass dir dieses herauskommt, wenn du sagst, die Seele sei eher, als sie in menschliche Gestalt und Leib komme, sie sei aber zusammengesetzt aus dem, was dann noch nicht ist? Die Harmonie wenigstens ist nicht so, der du sie vergleichst; sondern die Leier und die Saiten und die Töne sind vorher ungestimmt da, und zuletzt von allen entsteht die Harmonie und geht zuerst wieder unter. Wie kann dir nun diese Rede mit jener zusammenstimmen?

Gar nicht, sprach Simmias.

Und doch, sprach er, sollte ja wohl, wenn irgend eine Rede, die über die Harmonie gut zusammenstimmen?

Das sollte sie wohl, sagte Simmias.

Diese aber, sagte er, stimmt dir doch nicht; also sieh zu, welche von beiden du wählen willst: die, dass das Lernen Erinnerung ist, oder die, dass die Seele Harmonie ist?

Viel lieber jene, o Sokrates, sagte er. Denn diese letztere ist mir ohne allen Beweis gekommen nur aus einer gewissen Wahrscheinlichkeit und Angemessenheit, woher auch die meisten Menschen zu ihren Meinungen kommen; ich weiß aber, dass die Reden, die sich nur durch einen solchen Schein bewähren, leere Prahler sind, und wenn man sich nicht wohl mit ihnen vorsieht, einen gar leicht betrügen, in der Geometrie und in allem andern. Jene Rede aber von dem Lernen und der Erinnerung beruht auf einem annehmungswürdigen Grunde: denn es war gesagt worden, dass unsere Seele auch, ehe sie in den Leib komme, ebenso sei, wie jenes Wesen ihr eignet, welches den Beinamen führt dessen, was ist. Und dieses habe ich, wie ich mich selbst überzeuge, ganz mit Recht und mit gutem Grunde angenommen. Daher ist nun notwendig, wie ich sehe, dass ich es weder mir noch einem andern gelten lasse, welcher sagt, die Seele sei eine Harmonie.

Und was, sprach er, o Simmias, sagst du hierzu? Scheint dir wohl der Harmonie oder irgend einer andern Zusammensetzung zuzukommen, dass sie sich anders verhalten könne wie jenes, woraus sie besteht?

Keineswegs.

Auch nicht irgend etwas anderes tun, wie ich denke, oder leiden außer dem, was jenes tut und leidet?

Er stimmte zu.

Also kommt auch wohl der Harmonie nicht zu das anzuführen, woraus sie zusammengesetzt ist, sondern zu folgen?

Das dünkte ihn auch so.

Weit gefehlt also, dass die Harmonie entgegengesetzt sich bewegen oder klingen oder sonstwie entgegengesetzt sein könnte ihren Teilen.

Weit gefehlt, sagte er.

Und wie? Ist nicht ihrer Natur nach jede Harmonie geradeso Harmonie, wie sie harmonisch gestimmt ist?

Das verstehe ich nicht, sagte er.

Nicht, sagte er, wenn sie besser gestimmt ist oder in höherem Grade, falls dieses geschehen kann, wird sie dann nicht auch mehr Harmonie sein und in höherem Grade? Wenn aber in geringerem und weniger, dann auch nicht so sehr und weniger?

Freilich.

Findet nun das wohl auch bei der Seele statt, dass eine Seele auch nur im allergeringsten mehr und in höherem Grade oder weniger und in geringerem als die andere eben dieses, Seele, sein kann?

Nicht im mindesten, sagte er.

Wohlan denn, beim Zeus, sprach er, von der einen Seele sagt man doch, dass sie Vernunft hat und Tugend und gut ist, von der andern aber, dass sie Unvernunft und Verderben hat und schlecht ist, und das sagt man doch mit Recht?

Mit Recht freilich.

Die nun sagen, dass die Seele eine Harmonie ist, was werden die wohl sagen, dass dieses sei in den Seelen, die Tugend und das Laster? Etwa wiederum eine andere Harmonie und Missharmonie? So dass die eine harmonisch gestimmt ist, die gute, und in ihr selbst, die doch Harmonie ist, eine andere Harmonie hat, die andere aber wiederum missharmonisch gestimmt ist und keine andere Harmonie in sich hat?

Ich weiß es nicht zu sagen, sprach Simmias; offenbar aber müsste so etwas sagen, wer jenes voraussetzt.

Darüber aber sind wir ja vorher einig geworden, dass keine Seele mehr oder weniger Seele ist als die andere, und dies ist doch ebenso viel, als dass keine Harmonie mehr oder weniger Harmonie ist als die andere; nicht wahr?

Freilich.

Die aber weder mehr noch weniger Harmonie ist, ist auch weder mehr noch weniger harmonisch gestimmt. Ist es so?

So ist es.

Die aber weder mehr noch weniger harmonisch gestimmte, hat die wohl größeren oder geringeren Anteil an dem Wesen der Harmonie oder gleichen?

Gleichen.

Also auch die Seele, wenn die eine eben dieses, Seele, weder mehr noch weniger ist als die andere, ist sie also auch weder mehr noch weniger harmonisch gestimmt?

So ist es.

Und steht es so, so hat auch die eine weder mehr noch weniger Anteil an Missharmonie oder Harmonie?

Freilich nicht.

Und steht es wiederum so, könnte dann wohl die eine mehr oder weniger als die andere Anteil haben an Tugend und Laster, wenn doch das Laster Missharmonie ist und die Tugend Harmonie?

Nicht mehr.

Oder vielmehr, o Simmias, wenn wir es recht genau nehmen, wird keine Seele irgend Anteil am Laster haben, wenn sie Harmonie ist. Denn da die Harmonie immer vollkommen eben dieses ist, nämlich Harmonie, so kann sie an der Missharmonie gar niemals Anteil haben.

Freilich nicht.

Dann also auch nicht die Seele, da sie vollkommen Seele ist, am Laster.

Wie ginge das wohl nach dem Gesagten?

Nach dieser Rede also werden uns alle Seelen aller Lebendigen gleich gut sein, wenn sie doch ihrer Natur nach gleich sehr dieses sind, nämlich Seelen.

So dünkt mich auch, Sokrates, sprach er.

Dünkt es dich aber auch recht so gesagt zu sein, und dass deine Rede dieses Schicksal hätte, wenn die Annahme richtig wäre, dass die Seele Harmonie sei?

Ganz und gar nicht, sagte er.

Und wie? Über alles, was an dem Menschen ist, sagst du nicht, dass eben die Seele herrsche, zumal noch die vernünftige?

Gewiss nichts anderes.

Und etwa immer nachgebend den Zuständen des Leibes, oder

auch ihnen widerstrebend? Ich meine nämlich so: wenn dieser Hitze hat oder Durst, dass sie doch auf die entgegengesetzte Seite zieht, zum Nichttrinken, und wenn er Hunger hat, zum Nichtessen; und in tausend andern Dingen sehen wir doch die Seele dem Leiblichen widerstreben? Oder nicht?

Allerdings.

Haben wir aber nicht im vorigen zugegeben, dass sie niemals, wenn sie Harmonie ist, entgegengesetzt klingen kann, wie jenes gespannt und nachgelassen und geschwungen wird, oder was sonst dem widerfährt, woraus sie hervorgeht; sondern dass sie jenem folgen muss und niemals anführen?

Das haben wir zugegeben; wie sollten wir nicht?

Und wie? Scheint sie uns nun nicht doch ganz das Gegenteil zu tun, alles jenes zu regieren, woraus man doch sagt, dass sie bestehe, und dem fast überall das ganze Leben hindurch zu widerstreben und es zu beherrschen auf alle Weise, bald härter im Zaum haltend und auf schmerzhafte Weise, wie in Sachen der Gymnastik und Heilkunst, bald wieder gelinder? Und bald drohend, bald verweisend mit den Begierden, dem Zorn, der Furcht, als eine andere mit einem andern redend? Etwa so, wie auch Homeros in der Odyssee gedichtet hat, wo er vom Odysseus sagt:

Aber er schlug an die Brust und strafte das Herz mit den Worten:

Dulde nur aus, mein Herz, noch Härteres hast du geduldet!

Meinst du wohl, er habe dies gedichtet in der Meinung, sie sei eine Harmonie und eigne sich, geleitet zu werden von den Zuständen des Leibes, und nicht selbst sie zu leiten und zu beherrschen, weil sie nämlich etwas weit Göttlicheres ist als einer Harmonie zu vergleichen?

Beim Zeus, Sokrates, so kommt es auch mir vor.

Also, mein Bester, mag es wohl auf keine Weise recht sein von uns, zu sagen, die Seele sei eine Harmonie. Denn wir würden, wie wir sehen, weder mit dem Homeros, dem göttlichen Dichter, eins sein, noch mit uns selbst.

So verhalte es sich allerdings, sagte er.

Gut denn, sagte Sokrates, mit der Thebischen Harmonia sind wir, wie es scheint, noch so leidlich fertig geworden. Wie werden wir uns nun aber, o Kebes, auch mit dem Kadmos einigen und auf welche Weise?

Das, denke ich, sprach Kebes, wirst du schon auffinden. Diesen Beweis wenigstens gegen die Harmonie hast du ganz wunderbar über meine Erwartung durchgeführt. Denn als Simmias sagte, was für Zweifel er hätte, verwunderte es mich gar sehr, was wohl jemand mit seiner Rede würde anfangen können, und doch konnte sie hernach nicht einmal den ersten Anlauf der deinigen aushalten, wie mir schien. So würde ich mich also auch nicht wundern, wenn dasselbe auch der Rede des Kadmos begegnete.

O Guter, sprach Sokrates, nur nicht großsprechen, damit uns nicht ein Zauber das, was gesagt werden soll, verrufe und verdrehe! Doch das soll bei Gott stehen; wir aber wollen nun auf gut homerisch *näher tretend heran* versuchen, ob du wohl etwas Beachtenswertes sagst. Was du aber suchst, scheint mir der Hauptsache nach zu sein: du verlangst, es soll gezeigt werden, dass unsere Seele unvergänglich und unsterblich ist, wenn doch ein philosophischer Mann, der, im Begriff zu sterben, guten Mutes ist und der Meinung, dass er nach seinem Tode sich dort vorzüglich wohlbefinden werde, mehr als wenn er einer andern Lebensweise folgend gestorben wäre, wenn ein solcher nicht ganz unverständig und töricht sein soll bei seinem guten Mut. Zu zeigen aber, dass die Seele etwas Starkes und Göttliches ist und dass sie war, ehe wir geboren wurden, – dies alles, behauptest du, könne gar füglich auch keine Unsterblichkeit andeuten, sondern dass die Seele zwar etwas lange Beharrendes ist und wer weiß wie lange Zeit vorher irgendwo gewesen ist und vielerlei gewußt und getan hat, aber deshalb doch noch nicht unsterblich wäre; sondern eben dieses, dass sie in menschlichen Leib gekommen, könne schon der Anfang ihres Unterganges gewesen sein, gleichsam als eine Krankheit, und so könne sie in Jammer und Not dieses Leben leben und am Ende desselben in dem, was man Tod nennt, untergehen. Und ob sie einmal in den Leib kommt oder oft, dies, behauptest du, könne keinen Unterschied darin machen, dass doch jeder von uns besorgt sein müsse: Denn es gehöre sich gar wohl, dass jeder, wer nicht unverständig sein wolle, sich fürchte, der nicht wisse und keine Rechenschaft davon geben könne, dass sie unsterblich ist. Dies ist es ungefähr, glaube ich, o Kebes, was du meinst, und absichtlich wiederhole ich es öfter, damit uns nichts davon entgeht und auch du, wenn du willst, etwas hinzusetzen und davontun kannst.

Darauf sagte Kebes: Für jetzt habe ich wohl nichts davonzutun oder hinzuzusetzen; sondern dies ist es, was ich sagen will.

Darauf hielt Sokrates einige Zeit inne, als ob er etwas bei sich bedächte, und sagte dann: Es ist keine schlechte Sache, o Kebes, die du zur Sprache bringst. Denn wir müssen nun im allgemeinen die Ursache vom Entstehen und Vergehen behandeln. Ich also will dir, wenn du willst, darlegen, wie es mir damit ergeht. Scheint dir dann etwas von dem, was ich sage, brauchbar zu sein zur Überzeugung von dem, wonach du fragst, so brauche es!

Allerdings, sprach Kebes, das will ich!

So höre denn, was ich sagen werde: In meiner Jugend nämlich, o Kebes, hatte ich ein wundergroßes Bestreben nach jener Weisheit, welche man die Naturkunde nennt; denn es dünkte mich ja etwas Herrliches, die Ursachen von allem zu wissen, wodurch jegliches entsteht und wodurch es vergeht und wodurch es besteht, und hundertmal wendete ich mich bald hier-, bald dorthin, indem ich bei mir selbst zuerst dergleichen überlegte, ob, wenn das Warme und Kalte in Fäulnis gerät, wie einige gesagt haben, dann Tiere sich bilden? Und ob es wohl das Blut ist, wodurch wir denken, oder die Luft oder das Feuer? Oder ob wohl keines von diesen, sondern das Gehirn uns alle Wahrnehmungen hervorbringt, die des Sehens und Hörens und Riechens, und aus diesen dann Gedächtnis und Vorstellung entsteht; und ob aus Erinnerung und Vorstellung, wenn sie zur Ruhe kommen, dann auf dieselbe Weise Erkenntnis entsteht? Und wenn ich wiederum das Vergehen von alle diesem betrachtete und die Veränderungen am Himmel und auf der Erde, so kam ich mir am Ende zu dieser ganzen Untersuchung vollkommen untauglich vor. Und davon will ich dir hinreichenden Beweis geben. Nämlich was ich vorher auch ganz genau wusste, wie es mir und den andern vorkam, darrüber erblindete ich nun bei dieser Untersuchung so gewaltig, dass ich auch das verlernte, was ich vorher zu wissen glaubte von vielen andern Dingen, und so auch davon, wodurch der Mensch wächst. Denn dies, glaubte ich vorher, wisse jeder, dass es vom Essen und Trinken herkäme. Denn wenn aus den Speisen zum Fleische Fleisch hinzukommt und zu den Knochen Knochen und ebenso nach demselben Verhältnis auch zu allem übrigen das Verwandte sich hinzufindet, dann würde natürlich die Masse, die vorher wenig gewesen war, hernach viel, und so wurde der kleine Mensch groß. So glaubte ich damals; scheint dir das nicht ganz leidlich?

Ei wohl, sagte Kebes.

Bedenke auch noch dies: Ich glaubte genug daran zu haben, wenn ein Mensch neben einem andern kleinen stehend groß schien, dass er um einen Kopf größer wäre, und so auch ein Pferd neben dem andern, und was noch deutlicher ist als dieses: zehn schien mir mehr als acht zu sein, weil noch zwei dabei sind, und das Zweifüßige größer als das Einfüßige, weil es um die Hälfte herüberragt.

Und jetzt, sprach Kebes, was dünkt dich jetzt hiervon?

Dass ich, sagte er, beim Zeus, gar weit entfernt bin, auch nur zu glauben, dass ich von irgend etwas hiervon die Ursache wisse, da ich mir ja das nicht einmal gelten lasse, dass, wenn jemand Eins zu Einem hinzunimmt, dann entweder das Eine, zu welchem hinzugenommen worden, Zwei geworden ist, oder das Hinzugenommene und das, zu welchem hinzugenommen worden, eben weil Eins zu dem Andern hinzugekommen, Zwei geworden sind. Denn ich wundere mich, wie doch, als jedes für sich war, jedes von ihnen soll Eines gewesen sein und sie damals nicht Zwei waren, nun sie aber einander nahegekommen, dieses die Ursache gewesen ist, dass sie Zwei geworden sind, die Vereinigung, dass man sie neben einander gestellt hat. Und ebensowenig, wenn jemand Eines zerspaltet, kann ich mich noch überreden, dass wiederum dieses, die Spaltung, Ursache geworden ist, dass Zwei geworden sind. Denn dies wäre ja eine ganz entgegengesetzte Ursache des Zweiwerdens als damals: Damals nämlich, weil sie einander näher gebracht wurden und Eines zum Andern hinzugesetzt, nun aber, weil Eines vom Andern hinweggeführt und getrennt wird. Auch nicht, warum Eines wird, getraue ich mich noch zu wissen, noch sonst irgend etwas mit einem Wort, warum es wird oder vergeht oder ist, nämlich nach dieser Art und Weise der Untersuchung, sondern ich mische mir eine andere auf gut Glück zusammen, diese aber lasse ich auf keine Weise gelten. Sondern als ich einmal einen hörte aus einem Buche vom Anaxagoras, wie er sagte, lesen, dass die Vernunft das Anordnende ist und aller Dinge Ursache, an dieser Ursache erfreute ich mich, und es schien mir auf gewisse Weise sehr richtig, dass die Vernunft von allem die Ursache ist, und ich gedachte, wenn sich dies so verhält, so werde die ordnende Vernunft auch alles ordnen und jegliches stellen, so wie es sich am besten befindet. Wenn nun einer die Ursache von jeglichem finden wollte, wie es entsteht oder vergeht oder besteht, so dürfe er nur dieses daran finden, wie es gerade diesem am besten sei zu bestehen oder irgend sonst etwas zu tun oder zu leiden. Und demzufolge dann gezieme es dem Menschen nicht, nach irgend etwas anderem zu fragen, sowohl in bezug auf sich als auf alles andere, als nach dem Trefflichsten und Besten, und derselbe werde dann notwendig auch das Schlechtere wissen: denn die Erkenntnis von beiden sei dieselbe. Dieses nun bedenkend freute ich mich, dass ich glauben konnte, über die Ursache der Dinge einen Lehrer gefunden zu haben, der recht nach meinem Sinne wäre, nämlich den Anaxagoras, der mir nun auch sagen werde, zuerst, ob die Erde flach ist oder rund, und wenn er es mir gesagt, mir dann auch die Notwendigkeit der Sache und ihre Ursache dazu erklären werde. indem er auf das Bessere zurückginge und mir zeigte, dass es für sie besser

wäre, so zu sein. Und wenn er behauptete, sie stände in der
Mitte, werde er mir dabei erklären, dass es für sie besser wäre,
in der Mitte zu stehn; und wenn er mir dies deutlich machte,
war ich schon ganz entschlossen, nie mehr eine andere Art von
Ursache begehren zu wollen. Ebenso war ich entschlossen,
mich nach der Sonne gleichermaßen zu erkundigen und nach
dem Monde und den übrigen Gestirnen wegen ihrer verhält-
nismäßigen Geschwindigkeit und ihrer Umwälzungen und was
ihnen sonst begegnet, woher es doch für jeden besser ist, das
zu verrichten und zu erleiden, was jeder erleidet. Denn ich
glaubte ja nicht, nachdem er einmal hehauptet, alles sei von
der Vernunft geordnet, dass er irgend einen anderen Grund mit
hineinziehen werde, als dass es das Beste sei, dass sie sich so
verhalten, wie sie sich verhalten; und also glaubte ich, indem
er für jedes einzelne und für alles insgemein den Grund nach-
wiese, werde er das Beste eines jeglichen darstellen und das
für alles insgesamt Gute. Und für vieles hätte ich diese Hoffnung nicht weggegeben, sondern ganz emsig griff ich zu den
Büchern und las sie durch, so schnell ich nur konnte, um nur
aufs schnellste das Beste zu erkennen und das Schlechtere.
Und von dieser wunderbaren Hoffnung, o Freund, fiel ich ganz
herunter, als ich fortschritt und las und sah, wie der Mann mit
der Vernunft gar nichts anfängt und auch sonst gar nicht
Gründe anführt, die sich beziehen auf das Anordnen der Dinge, dagegen aber allerlei Luft und Äther und Wasser vor-
schiebt und sonst vieles zum Teil Wunderliches. Und mich
dünkte, es sei ihm so gegangen, als wenn jemand zuerst sagte:
»Sokrates tut alles, was er tut, mit Vernunft«, dann aber, wenn
er sich daran machte, die Gründe anzuführen von jeglichem,
was ich tue, dann sagen wollte, zuerst, dass ich jetzt deswegen

hier säße, weil mein Leib aus Knochen und Sehnen besteht und die Knochen dicht sind Und durch Gelenke voneinander geschieden, die Sehnen aber so eingerichtet, dass sie angezogen und nachgelassen werden können und die Knochen umgeben nebst dem Fleisch und der Haut, welche sie zusammenhält. Da nun die Knochen in ihren Gelenken schweben, so machten die Sehnen, wenn ich sie nachlasse und anziehe, dass ich jetzt imstande sei, meine Glieder zu bewegen, und aus diesem Grunde säße ich jetzt hier mir gebogenen Knieen. Ebenso, wenn er von unserm Gespräch andere dergleichen Ursachen anführen wollte, die Töne nämlich und die Luft und das Gehör und tausenderlei dergleichen herbeibringend, ganz vernachlässigend, die wahren Ursachen anzuführen, dass nämlich, weil es den Athenern besser gefallen hat, mich zu verdammen, deshalb es auch mir besser geschienen hat, hier sitzenzubleiben, und gerechter geschienen hat, hier zu bleiben und die Strafe geduldig auf mich zu nehmen, welche sie angeordnet haben. Denn, beim Hunde, schon lange, glaube ich wenigstens, wären diese Sehnen und Knochen in Megara oder bei den Boiotiern, durch die Vorstellung des Besseren in Bewegung gesetzt, hätte ich es nicht für gerechter und schöner gehalten, lieber als dass ich fliehen und davongehen sollte, dem Staate die Strafe zu büßen, die er anordnet. Also dergleichen Ursachen zu nennen ist gar zu wunderlich; wenn aber einer sagte, dass, ohne dergleichen zu haben, Sehnen und Knochen und was ich sonst habe, ich nicht imstande sein würde, das auszuführen, was mir gefällt, der würde richtig reden. Dass ich aber deshalb täte, was ich tue, und es insofern mit Vernunft täte, nicht wegen der Wahl des Besten, das wäre doch gar eine große und breite Leichtfertigkeit der Rede, wenn sie nicht imstande wäre, zu unterscheiden, dass bei einem jeden Dinge etwas anderes ist die Ursache und etwas anderes jenes, ohne welches die Ursache nicht Ursache sein könnte; und eben dies scheinen mir wie im Dunkeln tappend die meisten mit einem ungehörigen Namen, als wäre es selbst die Ursache, zu benennen. Darum legt dann der eine einen Wirbel um die Erde und lässt sie dadurch unter dem Himmel stehenbleiben; der andere stellt ihr, wie einem breiten Troge, einen Fußschemel, die Luft, unter. Dass sie aber nun so liege, wie es am besten war sie zu legen, die Bedeutung davon suchen sie gar nicht auf und glauben auch gar nicht, dass darin eine besondere höhere Kraft liege, sondern meinen, sie hätten wohl einen Atlas aufgefunden, der stärker wäre und unsterblicher als dieser, und der alles besser zusammenhielte; das Gute und Richtige aber, glauben sie, könne überall gar nichts verbinden und zusammenhalten. Ich nun wäre, um zu wissen, wie es sich mit dieser Ursache verhält, gar zu gern jedermanns Schüler geworden; da es mir aber so gut nicht wurde und ich dies weder selbst zu finden noch von einem andern zu lernen vermochte, – willst du, dass ich dir von der zweitbesten Fahrt wie ich sie durchgeführt habe zur Erforschung der Ursache, eine Beschreibung gebe, o Kebes?

Ganz über die Maßen, sprach er, will ich das.

Es bedünkte mich nämlich nach diesem, da ich aufgegeben, die Dinge zu betrachten, ich müsse mich hüten, dass mir nicht begegne, was denen begegnet, welche die Sonnenfinsternis betrachten und anschauen: Viele nämlich verderben sich die Augen, wenn sie nicht im Wasser oder sonst worin nur das Bild der Sonne anschauen. So etwas merkte ich auch und befürchtete, ich möchte ganz und gar an der Seele geblendet werden, wenn ich mit den Augen nach den Gegenständen sähe und mit jedem Sinne versuchte, sie zu treffen. Sondern mich dünkt, ich müsse zu den Gedanken meine Zuflucht nehmen und in diesen das wahre Wesen der Dinge anschauen. Doch vielleicht ähnelt das Bild auf gewisse Weise nicht so, wie ich es aufgestellt habe. Denn das möchte ich gar nicht zugeben, dass, wer das Seiende in Gedanken betrachtet, es mehr in Bildern betrachte, als wer es in den Dingen betrachtet. Also dahin wendete ich mich, und indem ich jedes mal den Gedanken zum Grunde lege, den ich für den stärksten halte, so setze ich, was mir mit diesem übereinzustimmen scheint, als wahr, es mag nun von Ursachen die Rede sein oder von was nur sonst; was aber nicht, setze ich als nicht wahr. Ich will dir aber noch deutlicher sagen, wie ich es meine; denn ich glaube, dass du es jetzt nicht verstehst.

Nein, beim Zeus, sagte Kebes, nicht eben sonderlich.

Ich meine es eben so, fuhr er fort, gar nichts Neues, sondern was ich schon sonst immer und so auch in der eben durchgeführten Rede gar nicht aufgehört habe zu sagen: Ich will nämlich gleich versuchen, dir den Begriff der Ursache aufzuzeigen, womit ich mich beschäftigt habe, und komme wiederum auf jenes Abgedroschene zurück und fange davon an, dass ich voraussetze, es gebe ein Schönes an und für sich und ein Gutes und Großes und so alles andere, woraus − wenn du mir zugibst und einräumst, dass es sei, − ich dann hoffe, dir die Ursache zu zeigen und nachzuweisen, dass die Seele unsterblich ist.

So säume nur ja nicht, sprach Kebes, es durchzuführen, als hätte ich dir dies längst zugegeben!

So betrachte denn, fuhr er fort, was daran hängt, ob dir das ebenso vorkommt wie mir: Mir scheint nämlich, wenn irgend etwas anderes schön ist außer jenem Schönen an sich, dass es wegen gar nichts anderem schön sei, als weil es teil habe an jenem Schönen, und ebenso sage ich von allem. Räumst du diese Ursache ein?

Die räume ich ein, sprach er.

Und so verstehe ich denn gar nicht mehr und begreife nicht jene andern gelehrten Gründe; sondern wenn mir jemand sagt, dass irgend etwas schön ist, entweder weil es eine blühende Farbe hat oder Gestalt oder sonst etwas dieser Art, so lasse ich das andere – denn durch alles übrige werde ich nur verwirrt gemacht – und halte mich ganz einfach und kunstlos und vielleicht einfältig bei mir selbst daran, dass nichts anderes es schön macht als eben jenes Schöne, nenne es nun Anwesenheit oder Gemeinschaft, wie nur und woher sie auch komme, denn darüber möchte ich nichts weiter behaupten, sondern nur, dass vermöge des Schönen alle schönen Dinge schön werden. Denn dies dünkt mich das Allersicherste zu antworten, für mich und für jeden andern; und wenn ich mich daran halte, glaube ich, dass ich gewiss niemals straucheln werde, sondern dass es für mich und jeden andern sicher ist zu antworten, dass vermöge des Schönen die schönen Dinge schön werden. Oder dünkt dich das nicht auch?

Das dünkt mich.

Also auch vermöge der Größe das Große groß und das Größere größer, und vermöge der Kleinheit das Kleinere kleiner?

Ja.

Also du würdest es auch nicht annehmen, wenn jemand von einem sagen wollte, er sei größer als ein anderer vermöge des Kopfes und der Kleinere vermöge desselben auch kleiner, sondern würdest darauf beharren, dass du gar nichts anderes meinst, als dass alles, was größer ist als ein anderes, nur vermöge der Größe größer ist und wegen sonst nichts, und eben um deswillen, um der Größe willen, und das Kleinere vermöge sonst nichts kleiner als um der Kleinheit willen, und eben um deswillen kleiner, um der Kleinheit willen. Und das aus Furcht, glaube ich, dass dir nicht eine andere Rede entgegentrete, wenn du sagtest, einer sei des Kopfes wegen größer und kleiner, zuerst nämlich, dass wegen eines und desselben das Größere größer sei und das Kleinere kleiner, und dann, dass des Kopfes wegen, der doch selbst klein ist, das Größere größer sei, und dass das doch ein Wunder sei, dass wegen etwas Kleinem einer groß sein soll. Oder würdest du das nicht fürchten?

Da lachte Kebes und sagte: Freilich wohl.

Also, fuhr er fort, dass die Zehn mehr ist als die Acht, um die Zwei, und um dieser Ursache willen es übertreffe, der Zwei wegen, und nicht der Vielheit wegen und durch die Vielheit, – das würdest du dich fürchten zu sagen? So auch, dass das Zweifüßige größer wäre als das Einfüßige, vermöge der Hälfte, und nicht vermöge der Größe? Denn dabei ist doch dieselbe Besorgnis.

Allerdings, antwortete er.

Und wie? Wenn Eines zu Einem hinzugesetzt worden, dass dann die Hinzufügung Ursache sei, dass Zwei geworden sind, und wenn Eines gespalten worden, dann die Spaltung, – würdest du dich nicht scheuen, das zu sagen, und vielmehr laut erklären, du wüsstest nicht, dass irgendwie anders jegliches werde, als indem es teil nähme an dem eigentümlichen Wesen eines jeglichen, woran es teil hat, und so fändest du gar keine andere Ursache des Zweigewordenseins als eben die

Teilnehmung an der Zweiheit, an welcher alles teilnehmen müsse, was Zwei sein sollte, so wie an der Einheit, was Eins sein sollte? Die Spaltungen aber und Hinzufügungen und andere solche Herrlichkeiten, – würdest du die nicht liegen lassen und andern anheimstellen, damit zu antworten, die gelehrter sind als du; du selbst aber, aus Furcht, wie man sagt, vor deinem eigenen Schatten und deiner Ungeschicktheit, an jener sicheren Voraussetzung dich haltend, würdest immer so antworten? Wenn sich aber einer an die Voraussetzung selbst hielte, würdest du den nicht gehen lassen und nicht eher antworten, bis du, was von ihr abgeleitet wird, betrachtet hättest, ob es mit einander stimmt oder nicht stimmt? Und solltest du dann von jener selbst Rechenschaft geben, würdest du sie nicht auf die gleiche Weise geben, nämlich eine andere Voraussetzung wieder voraussetzend, welche dir eben von den höherliegenden die beste dünkte, bis du auf etwas Befriedigendes kämest, nicht aber untereinandermischend wie die Streitkünstler bald von dem ersten Grunde reden und bald von dem daraus abgeleiteten, wenn du nämlich irgend etwas, wie es wirklich ist, finden wolltest? Denn jene freilich haben hieran vielleicht gar keinen Gedanken und keine Sorge, sondern sind imstande, wenn sie auch in ihrer Weisheit alles durcheinander rühren, doch noch sich selbst zu gefallen. Gehörst du aber zu den Philosophen, so, denke ich, wirst du es so machen, wie ich sage.

Ganz vollkommen wahr redest du, sagten Simmias und Kebes zugleich.

Echekrates: Beim Zeus, o Phaidon, mit Recht! Denn gar wunderbar einleuchtend scheint mir der Mann dieses gesagt zu haben für jeden, der auch nur ein wenig Vernunft hat.

Phaidon: Allerdings, o Echekrates, und so schien es auch allen

Anwesenden.

Echekrates: Und auch uns den Abwesenden, die es jetzt hören. Aber was war nur, was hiernächst gesagt wurde?

Phaidon: Wie ich glaube, nachdem ihm dieses eingeräumt und zugestanden war, dass jeglicher Begriff etwas sei an sich und dass durch Teilnahme an ihnen die andern Dinge ihre Benennung von ihnen erhalten, so fragte er hierauf: Wenn du nun dieses so annimmst, musst du dann nicht, wenn du behauptest, Simmias sei größer als Sokrates, aber kleiner als Phaidon, sagen, dass in dem Simmias beides sei, Größe und Kleinheit? Freilich.

Und so gestehst du doch: dass Simmias den Sokrates überragt, damit verhalte es sich nicht in der Tat so, wie es buchstäblich ausgedrückt wird! Denn es ist nicht des Simmias Natur, schon dadurch, dass er Simmias ist, zu überragen, sondern durch die Größe, die er zufällig hat; auch nicht den Sokrates zu überragen deshalb, weil Sokrates Sokrates ist, sondern nur, weil Sokrates Kleinheit hat in bezug auf jenes Größe.

Richtig.

Auch nicht vom Phaidon überragt zu werden deshalb, weil Phaidon Phaidon ist, sondern weil er Größe hat in Vergleich mit Simmias' Kleinheit?

So ist es.

So hat also Simmias die Benennung, klein zu sein und groß, selbst in der Mitte stehend zwischen beiden, indem er vermittelst des Übertreffens durch Größe des einen Kleinheit übertrifft, dem anderen aber Größe zugesteht, welche seine Kleinheit übertrifft. Dabei lächelte er und sagte: Ich werde wohl noch gar wie ein Geschichtschreiber so genau reden; aber es verhält sich denn doch, wie ich sage.

Jener stimmte bei.

Ich sage dies aber, weil ich möchte, du wärest derselben Meinung wie ich. Denn mir leuchtet ein, dass nicht nur die Größe selbst niemals zugleich groß und klein sein will, sondern dass auch die Größe in uns niemals das Kleine aufnimmt oder übertroffen werden will, sondern eines von beiden: dass sie entweder flieht und aus dem Wege geht, wenn ihr Gegenteil, das Kleine, sich nähert, oder, wenn es da ist, untergeht, niemals aber, bleibend und die Kleinheit aufnehmend, etwas anders sein will, als sie war; so wie ich allerdings, aushaltend und die Kleinheit aufnehmend, derselbe bin, der ich war, und nur ebendieser selbe klein bin. Jene aber hat nicht das Herz, indem sie groß ist, auch klein zu sein. So will auch das Kleine in uns niemals groß werden oder sein; noch auch sonst will eins von zwei Entgegengesetzten, dasselbe bleibend, was es war, zugleich auch sein Gegenteil werden oder sein: sondern entweder geht es davon, oder es geht unter, wenn ihm dies begegnet.

Auf alle Weise, sprach Kebes, leuchtet mir das auch ein.

Da sagte einer von den Anwesenden, wer es aber war, erinnere ich mich nicht mehr genau: Bei den Göttern, war uns nicht in unsern vorigen Reden gerade das Gegenteil von dem, was jetzt gesagt wird, herausgekommen, dass nämlich aus dem Kleineren das Größere werde und aus dem Größeren das Kleinere, und dass gerade dies die Art sei, wie Entgegengesetztes wird aus Entgegengesetztem! Nun aber scheint mir gesagt zu werden, dass das gar nicht möglich ist.

Sokrates hatte sich hingeneigt und zugehört und sagte: Das hast du wacker erinnert; nur bemerkst du nicht den Unterschied zwischen dem jetzt Gesagten und dem Damaligen. Damals nämlich wurde gesagt, aus dem entgegengesetzten Dinge werde das entgegengesetzte Ding; jetzt aber, dass das Entgegengesetzte selbst sein Entgegensetztes niemals werden will, weder das in uns noch das in der Natur. Damals nämlich, o Freund, redeten wir von den Dingen, die das Entgegengesetzte an sich haben, und benannten sie mit den Namen von jenen; jetzt aber reden wir von jenen selbst, durch deren Einwohnung die so genannten Dinge ihre Benennung erhalten. Und von diesen selbst behaupten wir doch wohl nicht, dass sie einen Übergang in einander zulassen. Zugleich sah er den Kebes an und fragte: Hat auch dich vielleicht, o Kebes, irregemacht, was dieser sagte?

Nein, sagte Kebes, so steht es nicht mit mir; wiewohl ich nicht sagen will, dass nicht vieles mich irremacht.

Darüber also sind wir eins geworden, fuhr Sokrates fort, ganz unbedingt, dass das Entgegengesetzte niemals sein Entgegengesetztes sein wird.

Auf alle Weise.

So betrachte denn auch noch dieses, ob du auch darüber mit mir einig sein wirst: Du nennst doch etwas warm und kalt?

Das tue ich.

Etwa dasselbe, was auch Schnee und Feuer?

Nein, beim Zeus, ich nicht.

Sondern etwas anderes als das Feuer ist das Warme, und etwas anderes als der Schnee das Kalte?

Ja.

Aber das, denke ich, glaubst du doch, dass niemals der Schnee als Schnee das Warme aufnehmen und, wie wir im vorigen sagten, noch sein wird, was er war, Schnee und zugleich warm; sondern wenn das Warme sich nähert, wird er ihm entweder aus dem Wege gehn oder verschwinden.

Freilich.

Und so das Feuer wiederum, wenn ihm das Kalte naht, wird entweder darunter weggehn oder verschwinden, nie aber das Herz haben, die Kälte aufzunehmen und noch sein zu wollen, was es war, Feuer und kalt.

Wohlgesprochen, sagte er.

Diese Bewandtnis also, fuhr er fort, hat es mit einigen Dingen, dass nicht nur der Begriff selbst sich seinen Namen aneignen will für alle Zeit, sondern auch noch etwas anderes, welches zwar nicht er selbst ist, aber doch immer seine Gestalt an sich trägt, solange es ist. Vielleicht wird hieran noch deutlicher werden, was ich meine: Das Ungerade muss doch immer diesen Namen bekommen, den wir jetzt genannt haben; oder nicht?

Allerdings.

Aber dieses allein, denn danach frage ich, oder auch noch etwas anderes, welches zwar nicht das Ungerade selbst ist, aber was man doch immer auch mit dem Namen desselben nennen muss, weil es so geartet ist, dass es das Ungerade nie kann fahren lassen! Ich meine damit das, was auch der Dreiheit begegnet und noch vielem anderen. Denn überlege dir nur wegen der Drei: glaubst du nicht, dass sie immer muss sowohl mit ihrem Namen genannt werden als auch mit dem des Ungeraden, obgleich dieses nicht dasselbe ist wie die Dreiheit! Aber dennoch ist dies die natürliche Beschaffenheit der Drei und der Fünf und überhaupt der einen ganzen Hälfte der Zahlen, dass, obgleich sie nicht dasselbe ist wie das Ungerade, doch jede von ihnen ungerade ist. Und wiederum die Zwei und die Vier und die andere Reihe der Zahlen ist nicht dasselbe wie das Gerade, aber doch ist jede von ihnen immer gerade. Gibst du das zu oder nicht?

Wie sollte ich nicht? sprach er.

So siehe nun zu, was ich eigentlich deutlich machen will: Es ist nämlich dieses, dass nicht nur jenes Entgegengesetzte selbst sich einander nicht annimmt; sondern auch alles das, was einander eigentlich nicht entgegengesetzt ist, doch aber das Entgegengesetzte immer in sich hat, auch dieses scheint jene Idee nicht annehmen zu wollen, die der in ihm wohnenden entgegengesetzt ist, sondern, wenn sie kommt, entweder unterzugehn oder sich davonzumachen. Oder wollen wir nicht sagen, die Drei werde eher untergehen und sich alles andere gefallen lassen, als aushalten, Drei zu sein, und zugleich gerade zu werden?

Allerdings, sagte Kebes.

Nun ist doch die Zwei der Drei nicht entgegengesetzt.

Freilich nicht.

Also nicht nur die entgegengesetzten Begriffe lassen einander nicht zu, sondern auch noch einiges andere lässt das Entgegengesetzte nicht an sich kommen.

Vollkommen richtig, sprach er, redest du.

Sollen wir nun, fuhr jener fort, wenn wir es können, bestimmen, welcherlei diese sind?

Allerdings.

Werden es nun nicht diejenigen sein, o Kebes, welche dasjenige, wovon sie Besitz nehmen, nicht nur nötigen, ihre eigene Idee immer festzuhalten, sondern auch immer die eines gewissen Entgegengesetzten?

Wie meinst du das?

Wie wir eben sagten. Denn du weißt doch: alles, wovon die Idee der Dreiheit Besitz nimmt, ist notwendig nicht nur Drei, sondern auch ungerade?

Freilich.

Zu einem solchen nun, sagen wir, kann die Idee, welche der Form entgegengesetzt ist, die dies bewirkt, niemals kommen?

Freilich nicht.

Bewirkt hat dies aber die Form des Ungeraden?

Ja.

Und entgegengesetzt dieser ist die des Geraden?

Ja.

Also kann zu der Drei niemals die Form des Geraden kommen.

Offenbar nicht.

Ohne allen Anteil an dem Geraden ist also die Drei?

Ohne Anteil.

Also ist die Drei ungerade?

Ja.

Was ich also bestimmen wollte, welche Dinge nämlich, ohne einem gewissen anderen entgegengesetzt zu sein, doch dessen Gegenteil nicht annehmen, – wie jetzt die Drei dem Geraden nicht entgegengesetzt ist, es aber trotzdem doch nicht aufnimmt; denn immer bringt sein Gegenteil mit sowohl die Zwei dem Ungeraden als das Feuer dem Kalten, und vieles andere; – siehe nun zu, ob du dieses wohl so bestimmst, dass nicht nur ein Entgegengesetztes das andere nicht aufnimmt, sondern auch, wenn etwas allem, woran es sich macht, den einen Gegensatz zubringt, so kann eben dieses Zubringende den Gegensatz des Zugebrachten niemals annehmen. Rufe es dir nur noch einmal zurück: denn es ist nicht übel, es oft zu hören. Die Fünf wird nie die Form des Geraden annehmen, noch die Zehn die des Ungeraden als das Zwiefache. Auch dieses selbst ist einem andern entgegengesetzt, aber dennoch nimmt es die Form des

Ungeraden nicht an. Ebensowenig das Anderthalbe und alles dergleichen als Halbes die des Ganzen, oder das Dritteil und alles dergleichen, wenn du folgst und beistimmst.

Gar sehr, sprach er, stimme ich bei und folge auch.

So sage mir denn, sprach er, noch einmal von Anfang an und antworte mir, nicht das gerade, was ich frage, sondern mich nachahmend ein anderes! Ich sage das nämlich, weil ich außer jener vorher gegebenen sicheren Antwort vermittelst des jetzt Gesagten noch eine andere Sicherheit absehe. Denn wenn du mich fragtest, was doch in dem Leibe einwohnt, wenn dieser warm ist, so würde ich dir nicht jene einfältige sichere Antwort geben, dass Wärme in ihm sei, sondern eine feinere vermöge des jetzt Gesagten, nämlich dass Feuer in ihm sei. Noch auch, wenn du fragtest, was doch dem Leibe einwohnt, wenn dieser krank ist, werde ich sprechen, dass Krankheit in ihm sei, sondern dass Fieber in ihm sei. Noch auch, wenn du fragtest, was doch einer Zahl einwohnt, wenn sie ungerade ist, werde ich antworten, dass Ungeradigkeit in ihr ist, sondern Einheit, und so überall. Siehe nun zu, ob du schon zur Genüge verstehst, was ich will!

Vollkommen zur Genüge, sagte er!

Antworte also, sprach er: Wenn was doch dem Leibe einwohnt, wird er lebend sein?

Wenn Seele, antwortete er.

Und verhält sich dies auch immer so?

Wie sollte es nicht? sagte er.

Die Seele also, wessen sie sich bemächtigt, zu dem kommt sie und bringt immer Leben mit?

Das tut sie freilich.

Ist nun wohl etwas dem Leben entgegengesetzt oder nichts?

Ja.

Und was?

Der Tod.

Also wird wohl die Seele das Gegenteil dessen, was sie immer mitbringt, nie annehmen, wie wir aus dem vorigen festgesetzt haben?

Ganz gewiss.

Wie nun? Was die Idee des Geraden nie aufnimmt, wie nannten wir das eben?

Ungerade.

Und was das Gerechte nie annimmt und das Künstlerische nie annimmt?

Unkünstlerisch, sprach er, und jenes ungerecht.

Gut. Und was den Tod nie annimmt, wie nennen wir das?

Unsterblich, sagte er.

Und die Seele nimmt doch den Tod nie an?

Nein.

Unsterblich also ist die Seele?

Unsterblich.

Gut, sprach er. Wollen wir also sagen, dies sei erwiesen, oder wie dünkt dich?

Und zwar ganz vollständig, o Sokrates?

Wie nun, sprach er, o Kebes? Wenn das Ungerade notwendig unvergänglich wäre, würde dann die Drei nicht auch unvergänglich sein?

Wie sollte sie nicht?

Und nicht wahr, wenn auch das Unwarme notwendig unvergänglich wäre, so müsste, wenn jemand an den Schnee Wärme brächte, der Schnee sich davonmachen, aber wohlbehalten und ungeschmolzen? Denn vergehen könnte er ja nicht, aber auch nicht bleiben und die Wärme aufnehmen.

Richtig, sagte er.

Und ebenso, denke ich, wenn das Unkalte unvergänglich wäre und jemand an das Feuer Kaltes brächte, so würde es nicht verlöschen und auch nicht vergehen, sondern nur wohlbehalten sich entfernen.

Notwendig.

Muss man nun nicht ebenso auch von dem Unsterblichen sagen, dass, wenn das Unsterbliche auch unvergänglich ist, die Seele unmöglich, wenn der Tod an sie kommt, untergehen kann? Denn den Tod, vermöge des Vorhergesagten, kann sie nicht annehmen und gestorben sein, wie die Drei niemals gerade sein kann, ebensowenig als das Ungerade selbst, noch auch das Feuer kalt, ebensowenig als die Wärme in dem Feuer.

»Aber was hindert«, könnte jemand sagen, »dass das Ungerade zwar niemals gerade wird, wenn das Gerade ihm ankommt, wie auch eingestanden ist, aber wohl, dass es umkommt und statt seiner uns ein Gerades entsteht?« Wer nun das sagte, dem könnten wir nicht abstreiten, dass es nicht umkomme; denn das Ungerade ist nicht unvergänglich. Wenn aber dies erst eingestanden wäre, dann könnten wir leicht durchfechten, dass, wenn das Gerade kommt, das Ungerade und die Drei nur davongehn, und vom Feuer und dem Warmen und allem andern würden wir es ebenso durchfechten. Oder nicht?

Gewiss.

Nicht so auch jetzt von dem Unsterblichen? Wenn uns nur erst eingestanden wäre, dass es zugleich auch unvergänglich ist, wäre uns die Seele außer dem, dass sie unsterblich ist, auch unvergänglich; wo aber nicht, so müsste man es anders anfangen.

Dessen bedarf es nun wohl nicht, sprach er, was dies betrifft. Denn gute Wege hätte es, dass irgend etwas sich dem Untergang entziehen könnte, wenn auch das Unsterbliche und immer Seiende den Untergang annähme.

Wenigstens dass Gott, sprach Sokrates, und die Idee des Lebens selbst, wenn überhaupt etwas unsterblich ist, niemals untergehe, wird wohl von jedem eingestanden werden.

Beim Zeus, sagte er, von jedem Menschen ja schon, und noch mehr, denke ich, von den Göttern.

Wenn also das Unsterbliche auch unvergänglich ist, wäre dann nicht die Seele, wenn sie doch unsterblich ist, zugleich auch unvergänglich?

Ganz notwendig.

Tritt also der Tod den Menschen an, so stirbt, wie es scheint, das Sterbliche an ihm, das Unsterbliche aber und Unvergängliche zieht wohlbehalten ab, dem Tode aus dem Wege.

Das leuchtet ein.

Ganz sicher also, o Kebes, ist die Seele unsterblich und unvergänglich, und in Wahrheit werden unsere Seelen in der Unterwelt sein.

Ich wenigstens, o Sokrates, sagte er, vermag weder etwas anderes hiergegen vorzubringen noch deinen Reden den Glauben zu versagen; weiß aber unser Simmias oder sonst ein anderer etwas, so wird es wohlgetan sein, es nicht zu verschweigen. Denn ich wüsste nicht, auf welche andere Gelegenheit als die jetzt noch vorhandene es jemand verschieben könnte, der etwas über diese Gegenstände sagen oder hören will.

Allerdings, sagte Simmias, weiß auch ich nicht, wie ich nicht beistimmen soll, dem Gesagten zufolge; jedoch wegen der Größe der Gegenstände, worauf die Reden sich beziehen, und wie ich auf die menschliche Schwachheit wenig halte, bin ich gedrungen, bei mir selbst noch einen Unglauben zu behalten über das Gesagte.

Nicht nur das, o Simmias, sagte Sokrates, sondern wie du hierin ganz recht gesprochen hast, müsst ihr auch in alle Wege unsere ersten Voraussetzungen, wenn sie euch auch zuverlässig sind, doch noch genauer in Erwägung ziehen; und wenn ihr sie euch befriedigend auseinandergesetzt habt, dann, denke ich, werdet ihr auch der Rede folgen, soweit nur irgend ein Mensch sie verfolgen kann. Und wenn eben dieses gewiss geworden ist, dann werdet ihr nichts weiter suchen.

Vollkommen richtig.

Und so ist denn dieses, ihr Männer, wohl wert, bemerkt zu werden, dass, wenn die Seele unsterblich ist, sie auch der Sorgfalt bedarf, nicht für diese Zeit allein, welche wir das Leben nennen, sondern für die ganze Zeit, und das Wagnis zeigt sich nun eben erst recht furchtbar, wenn jemand sie vernachlässigen wollte. Denn wenn der Tod eine Erledigung von allem wäre, so wäre es ein Glücksfund für die Schlechten, wenn sie sterben, ihren Leib loszuwerden, aber auch ihre Schlechtigkeit mit der Seele zugleich. Nun aber diese sich als unsterblich zeigt, kann es ja für sie keine Sicherheit vor dem Übel geben und kein Heil als nur, wenn sie so gut und vernünftig geworden ist als möglich. Denn nichts anderes kann sie doch mit sich haben, wenn sie in die Unterwelt kommt, als nur ihre Bildung und Nahrung, die ihr ja auch, wie man sagt, gleich so, wie sie gestorben ist, den größten Nutzen oder Schaden bringt, gleich am Anfang der Wanderung dorthin. Denn man sagt ja, dass jeden Gestorbenen sein Dämon, der ihn schon lebend zu besorgen hatte, auch dann an einen Ort zu führen sucht, von wo aus mehrere zusammen, nachdem sie gerichtet sind, in die Unterwelt gehen mit jenem Führer, dem es aufgetragen ist, die von hier dorthin zu führen. Nachdem ihnen dann dort geworden, was ihnen gebührt, und sie die gehörige Zeit dageblieben, bringt ein anderer Führer sie wieder von dort hierher zurück nach vielen und großen Zeitabschnitten. Und diese Reise ist wohl nicht so, wie der Telephos des Aischylos sie beschreibt. Denn jener sagt, es führe nur ein einfacher Fußsteig in die Unterwelt; ich aber glaube, dass es weder einer ist noch ein einfacher. Sonst würde es ja keines Führers bedürfen, denn nirgendshin kann man ja fehlgehen, wo nur ein Weg geht. Nun aber mag er sich wohl oftmals teilen und winden. Dies schließe ich aus dem, was bei uns als heilige Feier eingeführt und gebräuchlich ist. Die sittige und vernünftige Seele nun folgt und verkennt nicht, was ihr widerfährt; die aber begehrlich an dem Leibe sich hält, wie ich auch vorher sagte, drängt sich lange Zeit immer um ihn herum und in dem sichtbaren Ort umher, und nach vielem Sträuben und vielen Versuchen wird sie endlich mit Mühe und gewaltsam von dem beauftragten Dämon abgeführt. Kommt sie nun dahin, wo auch die andern sich befinden, so wird die unreine und die etwas dergleichen verübt hat, habe sie sich nun mit ungerechtem Morde befasst oder anderes dergleichen begangen, was dem verschwistert und verschwisterter Seelen Werk ist, jeder meiden und ihr ausweichen und weder ihr Reisegefährte noch ihr Führer werden wollen; sie aber irrt in gänzlicher Unsicherheit befangen, bis gewisse Zeiten um sind, nach deren Verlauf die Notwendigkeit sie in die ihr angemessene Wohnung bringt. Die aber rein und mäßig ihr Leben verbracht und Götter zu Reisegefährten und Führern bekommen hat, bewohnt jede den ihr gebührenden Ort. Es hat aber die Erde viele und wunderbare Orte und ist weder an Größe noch Beschaffenheit so, wie von denen, die über die Erde zu reden pflegen, geglaubt wird, nach dem, was mir einer glaublich gemacht hat.

Darauf sagte Simmias: Wie meinst du das, o Sokrates? Denn über die Erde habe ich auch schon vielerlei gehört, wohl aber nicht das, was dich befriedigt; darum möchte ich es gern hören.

Das ist ja wohl keine große Kunst, o Simmias, sagte er, zu erzählen, was ist; aber freilich, dass es so wahr ist, das möchte wieder schwerer sein als schwer; und teils möchte ich es vielleicht nicht können, teils auch, wenn ich es verstände, möchte doch mein Leben wenigstens, o Simmias, für die Größe der Sache nicht mehr hinreichen. Doch die Gestalt der Erde, wie ich belehrt bin, dass sie sei, und ihre verschiedenen Orte zu beschreiben hindert mich nichts.

Auch das, sprach Simmias, soll uns genug sein.

Zuerst also bin ich belehrt worden, dass, wenn sie rund inmitten des Himmels steht, sie weder Luft brauche, um nicht zu fallen, noch irgend einen andern solchen Grund; sondern um sie zu halten, sei hinreichend die durchgängige Einerleiheit des Himmels und das Gleichgewicht der Erde selbst. Denn ein im Gleichgewicht befindliches Ding, in die Mitte eines anderen solchen gesetzt, wird keinen Grund haben, sich mehr oder weniger zu neigen, und daher wird es in der gleichen Lage ohne Neigung bleiben. Dieses, sagte er, habe ich zuerst angenommen.

Und sehr mit Recht, sprach Simmias.

Dann auch, dass sie sehr groß sei, und dass wir, die vom Phasis bis an die Säulen des Herakles reichen, nur an einem

sehr kleinen Teile, wie Ameisen oder Frösche um einen
Sumpf, um das Meer herum wohnen, viele andere aber anderwärts an vielen solchen Orten. Denn es gebe überall um die
Erde her viele Höhlungen und mannigfaltige von Gestalt und
Größe, in welchen Wasser und Nebel und Luft zusammenge-
flossen sind; die Erde selbst aber liege rein in dem reinen
Himmel, an welchem auch die Sterne sind, und den die meisten, welche über dergleichen zu reden pflegen, Äther nennen,
dessen Bodensatz nun eben dieses ist, und es fließt immer in
den Höhlungen der Erde zusammen. Wir nun merkten es nicht,
dass wir nur in diesen Höhlungen der Erde wohnten, und
glaubten, oben auf der Erde zu wohnen, wie wenn ein mitten
im Grunde der See Wohnender glaubte, oben an dem Meere zu
wohnen, und weil er durch das Wasser die Sonne und die andern Sterne sähe, das Meer für den Himmel hielte, aus Trägheit aber und Schwachheit niemals bis an den Saum des Mee-
res gekommen wäre noch über das Meer aufgetaucht und
hervorgekrochen, um diesen Ort zu schauen, wieviel reiner
und schöner er ist als der bei ihm, noch auch von einem andern, der ihn gesehen, dies gehört hätte: gerade so erginge es
auch uns. Denn wir wohnten in irgend einer Höhlung der Erde
und glaubten, oben darauf zu wohnen, und nennten die Luft
Himmel, als ob diese der Himmel wäre, durch welchen die
Sterne wandeln. Damit aber sei es gerade so, dass wir aus
Trägheit und Schwachheit nicht vermöchten hervorzukommen
bis an den äußersten Saum der Luft. Denn wenn jemand zur
Grenze der Luft gelangte oder Flügel bekäme und hinaufflöge,
so würde er dann hervortauchen und sehen, wie hier die Fi-
sche, wenn sie einmal aus dem Meer heraus tauchen, sehen,
was hier ist, – so würde dann ein solcher auch das Dortige

sehen und, wenn seine Natur die Betrachtung auszuhalten vermöchte, dann erkennen, dass jenes der wahre Himmel ist und das wahre Licht und die wahre Erde. Denn die Erde hier bei uns und die Steine und der ganze Ort hier ist zerfressen und verwittert, wie das, was im Meere liegt, vom Salz angefressen ist: denn nichts der Rede Wertes wächst im Meere, noch gibt es irgend etwas Vollkommenes darin, sondern nur Klüfte und Sand und unendlichen Kot und Schlamm, wo es noch Erde gibt, und nichts, was irgend mit unsern Schönheiten könnte verglichen werden; jenes aber würde wiederum noch weit vorzüglicher sich zeigen vor dem Unsrigen. Und darf man wohl eine schöne Erzählung vorbringen, Simmias, so lohnt es wohl, zu hören, wie das auf der Erde unter dem Himmel Befindliche beschaffen ist.

Gewiss, sprach Simmias, werden wir diese Erzählung gern hören, o Sokrates.

Man sagt also zuerst, o Freund, diese Erde sei so anzusehen, wenn sie jemand von oben herab betrachtete, wie die zwölfteiligen ledernen Bälle, in so bunte Farben geteilt, von denen unsere Farben hier gleichsam Proben sind, alle die, deren sich die Maler bedienen. Dort aber bestehe die ganze Erde aus solchen und noch weit glänzenderen und reineren als diese. Denn ein Teil sei purpurrot und wunderbar schön, ein anderer goldfarbig, ein anderer weiß, aber viel weißer als Alabaster oder Schnee, und ebenso aus jeder anderen Farbe bestehe einer und aus noch mehreren und schöneren, als wir je gesehen haben. Denn selbst diese Höhlungen der Erde, welche mit Wasser und Luft angefüllt sind, bilden eine eigene Art von Farbe, welche in der Vermischung aller anderen Farben glänzt, so dass sie ganz und gar als ein ununterbrochenes Bunt erscheint. Auf dieser so beschaffenen nun wachsen verhältnismäßig eben solche Gewächse: Bäume, Blumen und Früchte. Ebenso haben auch die Gebirge und die Steine nach demselben Verhältnis ihre Vollendung und Durchsichtigkeit und schönere Farben, von denen aber auch unsere so sehr gesuchten Steinchen hier Teile sind, die Karneole und Jaspisse und Smaragden und alle dergleichen; dort aber sei nichts, was nicht so wäre und noch schöner als diese. Die Ursache hiervon aber sei, dass jene Steine rein sind und nicht angefressen noch verwittert wie die hiesigen von Fäulnis und Schärfe alles dessen, was hier zusammenfließt und Steinen und Erden und allen Gewächsen und Tieren Entstellungen und Krankheiten verursacht. Die Erde also sei mit alle diesem geschmückt und außerdem noch mit Gold und Silber und dem übrigen der Art, welches glänzend dort zu finden sei und in großer Menge wachse und überall auf der Erde, so dass sie zu schauen ein beseligendes Schauspiel sei. Lebewesen aber gebe es auf ihr vielerlei andere und auch Menschen, welche teils mitten im Lande wohnen, teils so um die Luft herum, wie wir um das Meer herum, teils auch auf luftumflossenen Inseln um das feste Land her. Und mit einem Worte, was uns Wasser und Meer ist für unsere Bedürfnisse, das sei jenen dort die Luft, und was uns die Luft, das sei jenen der Äther. Und die Witterung habe eine solche Mischung bei ihnen, dass sie ohne Krankheit wären und weit längere Zeit lebten als die hiesigen, und ihr Gesicht, Gehör, Geruch und dergleichen von dem unsrigen in demselben Maß abstände, wie die Luft vom Wasser absteht und der Äther von der Luft hinsichtlich der Reinheit. Auch haben sie weiter Tempel und Heiligtümer für die Götter, in denen aber die Götter wahrhaft wohnen, und Stimmen, Weissagungen, Erscheinungen der Götter und mehr dergleichen Verkehr mit ihnen; und Sonne, Mond und Sterne sähen sie, wie sie wirklich sind, und dem sei auch ihre übrige Glückseligkeit gemäß.

So demnach sei die ganze Erde geartet, und was sie umgibt; rund umher auf ihr aber gebe es nach Maßgabe ihrer Höhlung viele Orte, einige tiefer und weiter geöffnet als der, in welchem wir wohnen, andere wiederum tiefer, aber mit einer engeren Öffnung, als die unser Ort hat; und welche sind wohl auch flacher und dabei doch breiter als der hiesige. Alle diese nun wären unter der Erde vielfältig gegen einander durchgebohrt, enger und weiter, so dass sie Durchgänge haben unter sich, durch welche denn vieles Wasser aus einem in den andern fließt, wie in Becher, und dass es unversiegliche Ströme von unübersehbarer Größe unter der Erde gebe von warmen Wassern und kalten und vieles Feuer und große Ströme von Feuer, viele auch von feuchtem Schlamm, teils reinerem, teils schmutzigerem, wie in Sizilien die vor dem Feuerstrome sich ergießenden Ströme von Schlamm und der Feuerstrom selbst, von denen denn alle Örter erfüllt werden, je nachdem jedes mal jeder seinen Umlauf nimmt. Und dieses alles bewege hinauf und hinunter gleichsam eine in der Erde befindliche Schaukel; diese Schaukel aber bestehe durch folgende Einrichtung ungefähr: Einer nämlich von diesen Erdspalten ist auch sonst der größte und quer durch die ganze Erde gebohrt. Dieser ist nun, wie Homeros davon singt,

Ferne, wo tief sich öffnet der Abgrund unter der Erde,

derselbe, den anderwärts er und auch sonst viele andere Dichter den Tartaros genannt haben. In diesen Spalt nun strömen alle diese Flüsse zusammen und strömen auch wieder von ihm aus; und alle werden so wie der Boden, durch welchen sie

strömen. Die Ursache aber, warum alle Ströme von hier aus-
fließen und auch wieder hinein, ist, dass diese Flüssigkeit keinen Boden hat und keinen Grund. Daher schwebt sie und wogt
immer auf und ab, und die Luft und der Hauch um sie her tut
dasselbe. Denn dieser begleitet sie, sowohl wenn sie in die
jenseitigen Gegenden der Erde strömt, als wenn sie in die dies-
seitigen strömt. Und so wie der Hauch der Atmenden in be-
ständiger Bewegung immer einströmt und ausströmt, so bildet
auch dort der mit der Flüssigkeit wogende Hauch heftige und
gewaltige Winde sowohl im Hineingehen als im Herausgehen.
Wenn nun strömend das Wasser nach der Gegend hin aus-
weicht, welche »unten« genannt wird, so fließt es in das Ge-
biet der dortigen Ströme und füllt es an wie beim Pumpen.
Wenn es aber von dort wiederum sich wegzieht und hierher
strömt, so erfüllt es dann die hiesigen. Diese, wenn sie erfüllt
sind, strömen durch die Kanäle und durch die Erde; und wenn
sie jeder in die Gegenden kommen, wohin sie jedesmal geleitet
werden, so bilden sie Meere und Seen und Flüsse und Quellen.
Von da tauchen sie nun wieder unter die Erde, und teils längere und mehrere Gegenden durchziehend, teils wenigere und
kürzere, ergießen sie sich alle wieder in den Tartaros, einige
viel weiter unten, als wo sie ausgepumpt wurden, andere nicht
so viel; aber unterhalb ihres Ausflusses fließen sie alle ein; und
einige strömen wieder aus, gerade gegenüber der Stelle, wo sie
eingeflossen sind, andere auf der nämlichen Seite. Ja, es gibt
auch welche, die im Kreise herumziehen, ein oder mehrere
Male sich um die Erde winden wie Schlangen und dann möglichst tief gesenkt sich wieder hinein ergießen. Möglich ist
aber von beiden Seiten nur, sich bis zur Mitte herabzusenken,
weiter nicht. Denn für beiderlei Ströme geht die Richtung nach

jeder von beiden Seiten aufwärts.

So gibt es nun gar viele andere große und verschiedene Ströme; unter diesen vielen aber gibt es vorzüglich vier, von denen der größte und der am äußersten rundherum fließende der sogenannte Okeanos ist; diesem gegenüber und in entgegengesetzter Richtung fließend ist der Acheron, welcher durch viele andere wüste Gegenden fließt, vorzüglich aber auch unter der Erde fortfließend in den Acherusischen See kommt, wohin auch der meisten Verstorbenen Seelen gelangen, und nachdem sie gewisse bestimmte Zeiten dort geblieben, einige länger, andere kürzer, dann wieder ausgesendet werden zu den Erzeugungen der Lebendigen. Der dritte Fluss strömt aus zwischen diesen beiden und ergießt sich unweit seiner Quelle in eine weite, mit einem gewaltigen Feuer brennende Gegend, wo er einen See bildet, größer als unser Meer und siedend von Wasser und Schlamm. Von hier aus bewegt er sich dann im Kreise herum trübe und schlammig, und indem er sich um die Erde herumwälzt, kommt er nächst andern Orten auch an die Grenzen des Acherusischen Sees, jedoch ohne dass ihre Gewässer sich vermischten. Und nachdem er sich oftmals unter der Erde umhergewälzt, ergießt er sich zu allerunterst in den Tartaros. Dies ist der, den man Pyriphlegethon nennt, von welchem auch die feuerspeienden Berge, wo sich deren auf der Erde finden, kleine Teilchen heraufblasen. Diesem wiederum gegenüber strömt der vierte aus, zuerst in eine furchtbare und wilde Gegend, wie man sagt, und die von Farbe ganz und gar dunkelblau ist, welche sie die Stygische nennen, und den See, welchen der Fluss bildet, den Styx. Nachdem sich dieser nun hier hineinbegeben und gewaltige Kräfte aufgenommen in sein Wasser, geht er unter die Erde, wälzt sich herum, kommt dem

Pyriphlegethon gegenüber wieder vor und trifft auf den Acherusischen See an der gegenüberliegenden Seite. Und auch dieser vermischt sein Wasser mit keinem andern, sondern geht ebenfalls im Kreise herum und gießt sich wieder in den Tartaros gegenüber dem Pyriphlegethon. Sein Name aber heißt, wie die Dichter sagen, Kokytos.

Da nun dieses so ist, so werden, sobald die Verstorbenen an dem Orte angelangt sind, wohin der Dämon jeden bringt, zuerst diejenigen ausgesondert, welche schön und heilig gelebt haben, und welche nicht. Die nun dafür erkannt werden, einen mittelmäßigen Wandel geführt zu haben, begeben sich auf den Acheron, besteigen die Fahrzeuge, die es da für sie gibt, und gelangen auf diesen zu dem See. Hier wohnen sie und reinigen sich, büßen ihre Vergehungen ab, wenn einer sich irgendwie vergangen hat, und werden losgesprochen, wie sie auch ebenso für ihre guten Taten den Lohn erlangen, jeglicher nach Verdienst. Deren Zustand aber für unheilbar erkannt wird wegen der Größe ihrer Vergehungen, weil sie häufigen und bedeuten Raub an den Heiligtümern begangen oder viele ungerechte und gesetzwidrige Mordtaten vollbracht oder anderes, was dem verwandt ist, – diese wirft ihr gebührendes Geschick in den Tartaros, aus dem sie nie wieder heraussteigen. Die hingegen heilbare zwar, aber doch große Vergehungen begangen zu haben erfunden werden, wie die gegen Vater oder Mutter im Zorn etwas Gewalttätiges ausgeübt, oder die auf diese oder andere Weise Mörder geworden sind, – diese müssen zwar auch in den Tartaros stürzen; aber wenn sie hineingestürzt und ein Jahr darin gewesen sind, wirft die Welle sie wieder aus, die Mörder auf der Seite des Kokytos, die aber gegen Vater und Mutter sich versündigt, auf der Seite des Pyriphlegethon.

Wenn sie nun auf diesen fortgetrieben an den Acherusischen See kommen, so schreien sie da und rufen die, welche von ihnen getötet worden sind oder frevelhaft behandelt. Haben sie sie nun herbeigerufen, so flehen sie und bitten, sie möchten sie in den See aussteigen lassen und sie dort aufnehmen. Wenn sie sie nun überreden, so steigen sie aus, und ihre Übel sind am Ende; wo nicht, so werden sie wieder in den Tartaros getrieben, und aus diesem wieder in die Flüsse und so hört es nicht auf, ihnen zu ergehen, bis sie diejenigen überreden, welchen sie Unrecht getan haben; denn diese Strafe ist ihnen von den Richtern angeordnet. Die aber ausgezeichnete Fortschritte in heiligem Leben gemacht zu haben erscheinen, dies endlich sind diejenigen, welche, von allen diesen Orten im Innern der Erde befreit und losgesprochen von allem Gefängnis, hinauf in die reine Behausung gelangen und auf der Erde wohnhaft werden. Welche nun unter diesen durch Weisheitsliebe sich schon gehörig gereinigt haben, diese leben für alle künftigen Zeiten gänzlich ohne Leiber und kommen in noch schönere Wohnungen als diese, welche weder leicht wären zu beschreiben, noch würde die Zeit für diesmal zureichen. Aber schon um deswillen, was wir jetzt auseinandergesetzt haben, o Simmias, muss man ja wohl alles tun, um der Tugend und Vernunft im Leben teilhaftig zu werden. Denn schön ist der Preis und die Hoffnung groß.

Dass sich nun dies alles gerade so verhalte, wie ich es auseinandergesetzt, das ziemt wohl einem vernünftigen Mann nicht zu behaupten; dass es jedoch entweder diese oder eine ähnliche Bewandtnis haben muss mit unsern Seelen und ihren Wohnungen, wenn doch die Seele offenbar etwas Unsterbliches ist, dies, dünkt mich, zieme sich gar wohl und lohne auch, es darauf zu wagen, dass man glaube, es verhalte sich so. Denn es ist ein schönes Wagnis, und man muss mit solcherlei gleichsam sich selbst besprechen. Darum spinne ich auch schon so lange an der Erzählung. Also um deswillen muss ein Mann guten Mutes sein seiner Seele wegen, der im Leben die andern Lüste, die es mit dem Leibe zu tun haben, und dessen Schmuck und Pflege hat fahren lassen als etwas ihn selbst nicht Angehendes, und wodurch er nur Übel ärger zu machen befürchtete, jener Lust hingegen an der Forschung nachgestrebt und seine Seele geschmückt hat nicht mit fremdem, sondern mit dem ihr eigentümlichen Schmuck, mit Besonnenheit, Gerechtigkeit, Tapferkeit, Edelmut und Wahrheit, so seine Fahrt nach der Unterwelt erwartend, um sie anzutreten, sobald das Schicksal rufen wird.

Ihr nun, setzte er hinzu, o Simmias und Kebes und ihr übrigen, werdet ein andermal jeder zu seiner Zeit abreisen; mich aber ruft jetzt schon, würde ein Tragödiendichter sagen, das Geschick, und es ist wohl beinahe Zeit, sich nach dem Bade umzusehen. Denn es dünkt mich doch besser zu baden, ehe ich den Trank nehme, und nicht hernach den Weibern Mühe zu machen mit dem Waschen des Leichnams.

Als er dieses gesagt, sprach Kriton: Gut, o Sokrates! Was trägst du aber diesen auf oder mir deiner Kinder wegen, oder was wir sonst irgend dir noch recht zu Dank machen könnten, wenn wir es täten?

Was ich immer sage, sprach er, o Kriton, nichts Besonderes weiter, dass nämlich, wenn ihr euer selbst recht wahrnehmt, ihr mir und den Meinigen und euch selbst alles zu Dank machen werdet, was ihr nur tut, und wenn ihr es auch jetzt nicht versprecht; wenn ihr aber euch selbst vernachlässigt und nicht wollt gleichsam den Spuren des jetzt und sonst schon Gesagten nachgehen im Leben, ihr dann, wenn ihr jetzt noch so vieles und noch so heilig versprächet, doch nichts weiter damit ausrichten werdet.

Dieses also wollen wir uns bestreben, so zu machen, sagte Kriton. Aber auf welche Weise sollen wir dich begraben?

Wie ihr wollt, sprach er, wenn ihr mich nur wirklich haben werdet und ich euch nicht entwischt bin.

Dabei lächelte er ganz ruhig und sagte, indem er uns ansah: Diesen Kriton, ihr Männer, überzeuge ich nicht, dass ich der Sokrates bin, dieser, der jetzt mit euch redet und euch das Gesagte einzeln vorlegt; sondern er glaubt, ich sei jener, den er nun bald tot sehen wird, und fragt mich deshalb, wie er mich begraben soll. Dass ich aber schon so lange eine große Rede darüber gehalten habe, dass, wenn ich den Trank genommen habe, ich dann nicht länger bei euch bleiben, sondern fortgehen werde zu irgendwelchen Herrlichkeiten der Seligen, – das, meint er wohl, sage ich alles nur so, um euch zu beruhigen und mich mit. So leget ihr denn eine Bürgschaft für mich ein beim Kriton, und zwar eine ganz entgegengesetzte, als er bei den Richtern eingelegt hat! Denn er hat sich verbürgt, ich würde ganz gewiss bleiben, ihr aber verbürgt euch dafür, dass ich ganz gewiss nicht bleiben werde, wenn ich tot bin, sondern abziehen und fort sein, damit Kriton es leichter trage und, wenn er meinen Leib verbrennen oder begraben sieht, sich nicht ereifere meinetwegen, als ob mir Arges begegne; und damit er nicht beim Begräbnis sage, er stelle den Sokrates aus oder trage ihn heraus oder begrabe ihn. Denn wisse nur, sagte er, o bester Kriton, sich unschön ausdrücken ist nicht nur insofern sündlich, sondern bildet auch etwas Böses ein in die Seele. Sondern du musst mutig sein und sagen, dass du meinen Leib begräbst, und diesen begrabe nur, wie es dir eben recht ist, und wie du es am meisten für schicklich hälst!

Als er dies gesagt, stand er auf und ging in ein Gemach, um zu baden, und Kriton begleitete ihn; uns aber hieß er dableiben. Wir blieben also und redeten untereinander über das Gesagte und überdachten es noch einmal; dann aber auch klagten wir wieder über das Unglück, welches uns getroffen hatte, ganz darüber einig, dass wir nun gleichsam des Vaters beraubt als Waisen das übrige Leben hinbringen würden. Nachdem er nun gebadet und man seine Kinder zu ihm gebracht hatte – er hatte nämlich zwei kleine Söhne und einen größeren – und die ihm verwandten Frauen gekommen waren, sprach er mit ihnen in Kritons Beisein, und nachdem er ihnen aufgetragen, was er wollte, hieß er die Weiber und Kinder wieder gehen; er aber kam zu uns. Und es war schon nahe am Untergang der Sonne, denn er war lange drinnen geblieben.

Als er nun gekommen war, setzte er sich nieder nach dem Bade und hatte noch nicht viel gesprochen, so kam der Diener der Elfmänner, stellte sich zu ihm und sagte: O Sokrates, über dich werde ich mich nicht zu beklagen haben wie über andere, dass sie mir böse werden und mir fluchen, wenn ich ihnen ansage, das Gift zu trinken auf Befehl der Oberen. Dich aber habe ich auch sonst schon in dieser Zeit erkannt als den Edelsten, Sanftmütigsten und Trefflichsten von allen, die sich jemals hier befunden haben, und auch jetzt weiß ich sicher, dass du nicht mir böse sein wirst – denn du weißt wohl, wer schuld daran ist –, sondern jenen. Nun also, – denn du weißt wohl, was ich dir zu sagen gekommen bin, – lebe wohl und suche so leicht als möglich zu tragen, was nicht zu ändern ist! Da weinte er, wendete sich um und ging.

Sokrates aber sah ihm nach und sprach: Auch du lebe wohl, und wir wollen so tun. Und zu uns sagte er: Wie fein der Mensch ist! So ist er die ganze Zeit mit mir umgegangen, hat sich bisweilen mit mir unterhalten und war der beste Mensch; und nun, wie aufrichtig beweint er mich! − Aber wohlan denn, Kriton, lasst uns ihm gehorchen, und bringe einer den Trank, wenn er schon ausgepresst ist; wo nicht, so soll ihn der Mensch bereiten!

Da sagte Kriton: Aber mich dünkt, o Sokrates, die Sonne scheint noch an die Berge und ist noch nicht untergegangen. Und ich weiß, dass auch andere erst ganz spät getrunken haben, nachdem es ihnen angesagt worden ist, und haben noch gut gegessen und getrunken; ja einige haben gar noch solche zu sich kommen lassen, nach denen sie Verlangen hatten. Also ereile dich nicht: denn es hat noch Zeit.

Da sagte Sokrates: Gar recht, o Kriton, hatten jene, so zu tun, wie du sagst; denn sie meinten etwas zu gewinnen, wenn sie so täten, und gar recht habe auch ich, nicht so zu tun. Denn ich meine nichts zu gewinnen, wenn ich um ein weniges später trinke, als nur, dass ich mir selbst lächerlich vorkommen würde, wenn ich am Leben klebte und es sparen wollte, wo nichts mehr ist. Also geh, sprach er, folge mir und tue nicht anders!

Darauf winkte denn Kriton dem Knaben, der ihm zunächst stand, und der Knabe ging heraus, und nachdem er eine Weile weggeblieben, kam er und führte den herein, der ihm den Trank reichen sollte, welchen er schon zubereitet im Becher brachte.

Als nun Sokrales den Menschen sah, sprach er: Wohlan, Bester, denn du verstehst es ja, wie muss man es machen?

Nichts weiter, sagte er, als, wenn du getrunken hast, herumgehen, bis dir die Schenkel schwer werden, und dann dich niederlegen, so wird es schon wirken.

Damit reichte er dem Sokrates den Becher, und dieser nahm ihn, und ganz getrost, o Echekrates, ohne im Mindesten zu Zittern oder Farbe oder Gesichtszüge zu verändern, sondern, wie er pflegte, ganz gerade den Menschen ansehend, fragte er ihn: Was meinst du von dem Trank wegen einer Spendung? Darf man eine machen oder nicht?

Wir bereiten nur so viel, o Sokrates, antwortete er, als wir glauben, dass hinreichend sein wird.

Ich verstehe, sagte Sokrates. Beten aber darf man doch zu den Göttern und muss es, dass die Wanderung von hier dorthin glücklich sein möge, worum denn auch ich hiermit bete, und so möge es geschehen!

Und wie er dies gesagt, setzte er an und ganz frisch und unverdrossen trank er aus. Und von uns waren die meisten bis dahin ziemlich imstande gewesen, sich zu halten, dass sie nicht weinten; als wir aber sahen, dass er trank und getrunken hatte, nicht mehr. Sondern auch mir selbst flossen Tränen mit Gewalt, und nicht tropfenweise, so dass ich mich verhüllen musste und mich ausweinen, nicht über ihn jedoch, sondern über mein eigenes Schicksal, was für eines Freundes ich nun sollte beraubt werden. Kriton war noch eher als ich aufgestanden, weil er nicht vermochte die Tränen zurückzuhalten Apollodoros aber hatte schon früher nicht aufgehört zu weinen, und nun brach er vollends in lautes Klagen aus, weinend und unwillig sich gebärdend, und es war keiner von allen Anwesenden, den er nicht durch sein Weinen erschüttert hätte, als nur Sokrates selbst; der aber sagte: Was macht ihr doch, ihr wunderbaren Leute! Ich habe vorzüglich deswegen die Weiber weggeschickt, dass sie dergleichen nicht begehen möchten; denn ich habe immer gehört, man müsse stille sein, wenn einer stirbt. Also haltet euch ruhig und seid stark!

Als wir das hörten, schämten wir uns und hielten inne mit Weinen. Er aber ging umher, und als er merkte, dass ihm die Schenkel schwer wurden, legte er sich gerade hin auf den Rücken: denn so hatte es ihn der Mensch geheißen. Darauf berührte ihn eben dieser, der ihm das Gift gegeben hatte, von Zeit zu Zeit und untersuchte seine Füße und Schenkel. Dann drückte er ihm den Fuß stark und fragte, ob er es fühle; er sagte: »Nein.« Und darauf die Kniee, und so ging er immer höher hinauf und zeigte uns, wie er erkaltete und erstarrte. Darauf berührte er ihn noch einmal und sagte, wenn ihm das bis ans Herz käme, dann würde er hin sein.

Als ihm nun schon der Unterleib fast ganz kalt war, da enthüllte er sich, denn er lag verhüllt, und sagte, und das waren seine letzten Worte: »O Kriton, wir sind dem Asklepios einen Hahn schuldig: entrichtet ihm den und versäumt ja nicht!«

Das soll geschehen, sagte Kriton; sieh aber zu, ob du noch sonst etwas zu sagen hast?

Als Kriton dies fragte, antwortete er aber nichts mehr; sondern bald darauf zuckte er, und der Mensch deckte ihn auf; da waren seine Augen gebrochen. Als Kriton das sah, schloss er ihm Mund und Augen.

Dies, o Echekrates war das Ende unseres Freundes, des Mannes, der unserm Urteil nach von den damals Lebenden, mit denen wir es versucht haben, der Trefflichste war und auch sonst der Vernünftigste und Gerechteste.